Guide Microapp

ADSL

Micro Application

Copyright © 2004 Micro Application
20-22, rue des Petits-Hôtels
75010 Paris

1ère Édition - Juin 2004

Auteurs eComs S.A.R.L.

ISBN : 2-7429-3620-3

MICRO APPLICATION
20-22, rue des Petits-Hôtels
75010 PARIS
Tél : 01 53 34 20 20 - Fax : 01 53 34 20 00
http://www.microapp.com

Support technique
disponible sur le site
www.microapp.com

Mister O'net, l'homme à la référence, vous montre le chemin !

Rendez-vous sur le site Internet de Micro Application **www.microapp.com**. Dans le module de recherche, sur la page d'accueil du site, retrouvez **Mister O'net**. Dans la zone de saisie, entrez la référence à 4 chiffres qu'il vous indique sur le présent livre. Vous accédez directement à la fiche produit et, le cas échéant, aux exemples de ce livre.

Recherche
4620

Avant-propos

Tout en couleur, la collection GUIDE MICROAPP vous accompagne dans votre découverte d'un logiciel ou d'une technologie informatique. Grâce à une approche résolument pratique, centrée autour de nombreux exemples pas à pas, elle vous permet de réussir vos premières prises en main et de réaliser des opérations concrètes, rapidement et facilement, sans connaissance préalable du sujet traité.

Les ouvrages de la collection sont basés sur une structure identique :

- Des étapes numérotées, associées à des captures d'écran, vous permettent de suivre et de reproduire pas à pas l'exemple étudié.
- Des informations complémentaires au sujet traité vous sont délivrées. Présentées sous forme d'encadrés, elles sont repérables par l'icône ▶.
- Des définitions vous permettent de comprendre les termes et abréviations relatifs au logiciel ou à la technologie étudiée. Présentées sous forme d'encadrés, elles sont identifiables par l'icône ■.

Complète, la collection GUIDE MICROAPP vous délivre des outils innovants pour rendre l'apprentissage encore plus enrichissant et convivial :

Le coin des passionnés, pour tous ceux qui souhaitent approfondir leurs connaissances et aller plus loin dans leur utilisation du logiciel ou de la technologie étudiée.

Les Fiches pratiques, pour maîtriser en quelques clics une application précise.

Afin de faciliter la compréhension des techniques décrites, nous avons adopté les conventions typographiques suivantes :

- **Gras** : menu, commande, onglet, bouton
- *Italique* : rubrique, zone de texte, liste déroulante, case à cocher
- www.microapp.com : adresse Internet
- **Hotmail** : renvoi vers un encadré définition
- ⇢ : marque le début d'un exemple pas à pas
- ■ : marque la fin de l'exemple pas à pas

Sommaire

Chapitre 1

Comprendre et choisir sa liaison ADSL

Chapitre 2

Installer une ligne ADSL

Chapitre 3

Le système d'exploitation et l'ADSL

Chapitre 4

Utiliser Internet avec l'ADSL

Chapitre 5

Le coin des passionnés

Profiter de son accès haut débit

Fiches pratiques

Chapitre 1

Comprendre et choisir sa liaison ADSL

Le petit monde de l'accès à Internet est désormais indissociable de l'ADSL. Depuis son arrivée en France voilà quelques années, cette technique a rapidement connu un grand succès auprès des internautes, qu'ils soient particuliers ou professionnels.

La liaison ADSL répond en effet aux principales demandes des utilisateurs d'Internet :

- Elle permet un accès forfaitaire, et non facturé au temps de connexion.
- Elle permet une rapidité de transfert adaptée aux documents multimédias actuels.

Toutefois, que vous soyez internaute débutant ou utilisateur depuis déjà quelque temps d'une connexion par modem, vous aurez besoin d'un petit temps d'adaptation pour exploiter pleinement l'ADSL.

Dans ce premier chapitre, vous allez découvrir les possibilités offertes par l'ADSL, apprendre à décrypter les offres des différents fournisseurs d'accès et vous initier aux caractéristiques techniques de ce type de liaison.

Internet en France : l'ADSL… et les autres

Internet est simplement constitué de plusieurs réseaux reliés entre eux (Inter-Networks). Sur ce réseau, de nombreuses applications peuvent être utilisées. Avant de penser à exploiter toutes les fonctionnalités d'Internet (Web, courrier électronique, forums, transfert de fichiers…), il est nécessaire d'avoir un accès à Internet, afin que le poste de travail, jusque-là isolé, puisse être relié au reste du réseau. Il existe plusieurs possibilités sur le plan technique.

Les différents types d'accès à Internet

Quel que soit le type d'accès choisi, le principe est toujours le même : relier un ordinateur ou un réseau à Internet en passant par un fournisseur d'accès. Les fournisseurs d'accès sont donc la véritable passerelle entre les réseaux privés et le réseau public. L'ADSL est loin d'être le seul média de connexion entre votre ordinateur et un fournisseur.

Le réseau téléphonique commuté (RTC)

Le réseau téléphonique représente 90 % des accès à Internet en France. Il s'agit tout simplement d'utiliser la ligne téléphonique classique que chacun a chez soi pour se connecter, par l'intermédiaire d'un modem, à Internet. Ainsi, votre ordinateur utilise le modem, puis le réseau téléphonique pour appeler votre fournisseur d'accès. Cette liaison téléphonique permet de faire passer des données entre vous et le fournisseur d'accès, et ainsi de profiter du plus grand réseau du monde.

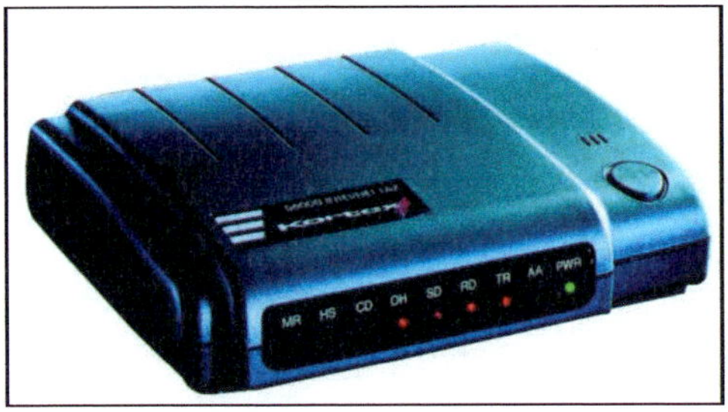

Il s'agit du mode de connexion le plus simple, le moins cher et le plus lent. Il suffit de connecter un modem à l'ordinateur et à une prise téléphonique standard. Le principal inconvénient est la vitesse de transmission des données. Les modems actuels sont à la norme V92 et sont désignés par le sigle 56k.

Numéris ou le RNIS

Le réseau numérique à intégration de services (RNIS), apparu en France avec Numéris en 1980, souffre maintenant d'une désuétude qui était loin d'être évidente à sa sortie.

Une ligne Numéris ou RNIS est une ligne téléphonique numérique qui nécessite une installation spécifique et un abonnement à France Telecom. Une ligne Numéris est composée de plusieurs canaux, ce qui peut permettre une vitesse de transmission (ascendante et descendante) de 128 kbps.

Ce type de connexion est intéressant pour les utilisateurs ne pouvant disposer, du fait de leur situation géographique, du câble ou de l'ADSL.

La connexion par le câble

Pour les personnes habitant dans les grandes agglomérations, il existe une autre méthode beaucoup moins répandue. Le câble est exploité pour la télévision, mais il peut également être utilisé pour se connecter à Internet. Son coût reste encore assez élevé, mais les taux de transfert peuvent être très importants. Cependant, le volume de téléchargement est limité, et les mégaoctets supplémentaires sont encore très chers.

La connexion par satellite

À ce jour, le satellite est l'un des modes de transmission de données les plus rapides : il est possible d'atteindre en théorie des débits de plus de 2 Mbps. Toutefois, le satellite n'est pas un mode de transmission sans défaut. Il n'est en effet pas possible d'émettre de données avec une parabole classique, comme celles qui sont utilisées pour la réception des bouquets de chaînes de télévision.

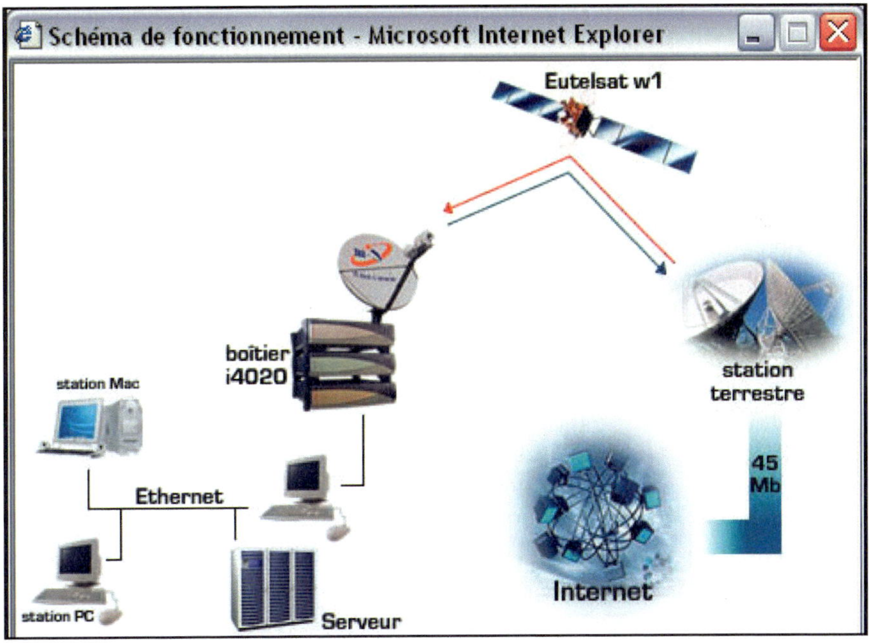

Pour recevoir des données par satellite, vous devez utiliser des cartes au format PCI dont l'électronique est très comparable à celle des décodeurs numériques fournis pour accéder aux chaînes TV. Cette carte permet de recevoir des données numériques issues d'un satellite, qu'il s'agisse de données Internet ou de vidéos.

La boucle locale radio (BLR)

La boucle locale radio est une technologie qui a fait beaucoup parler d'elle ces derniers temps.

Le principe est d'équiper les villes d'une borne sans fil pouvant émettre et recevoir des informations dans un rayon de 3 à 5 km. Les clients, équipés d'un émetteur-récepteur, peuvent ainsi échanger des informations avec cette borne reliée à Internet. Cette technologie permet d'atteindre des débits de 10 Mbps.

Le réseau électrique

Le réseau électrique est de loin le plus répandu sur le territoire français. Des centaines de milliers de kilomètres de câbles relient toutes les entreprises, les foyers, les panneaux publicitaires, les éclairages publics… Ce réseau câblé est prêt à relier des millions d'internautes.

La transmission des informations sur des lignes électriques existe depuis déjà un certain temps. Pour l'éclairage public par exemple, un central envoie des données via le réseau électrique aux lampadaires pour qu'ils s'éclairent.

Pour l'instant, le cadre réglementaire empêche toujours la commercialisation de ce type d'accès, qui offrirait néanmoins la possibilité d'un accès à haut débit pour tous, même ceux qui sont éloignés des villes. Ce type d'accès pourrait bien constituer une nouvelle révolution dans le monde des FAI d'ici quelques années.

L'Asymetric Digital Subscriber Line (ADSL)

La limite théorique de transfert a été atteinte avec la norme V92 des modems RTC. Cependant, en utilisant des fréquences bien plus élevées (aux alentours de 1 MHz), le taux de transfert d'une ligne téléphonique classique peut atteindre 512 ko/s.

L'ADSL utilise le multiplexage de fréquence. L'idée est de faire passer davantage d'informations sur une simple ligne téléphonique en utilisant des techniques de théorie du signal. Le canal téléphonique classique est conservé (de 300 à 3400 Hz). Le canal de l'abonné vers le réseau est plus petit que le canal allant du réseau vers l'abonné. Cela se justifie car, la plupart du temps, un utilisateur reçoit plus d'informations qu'il n'en envoie.

L'ADSL n'est pas une technique très récente : elle a été mise au point en 1987 aux États-Unis. Il faut toutefois attendre 1999 pour que la France, ainsi que d'autres pays d'Europe, se lance dans la commercialisation de ce type de liaison auprès du grand public.

Le principal obstacle à l'extension de l'ADSL est l'adaptation nécessaire des différents centraux téléphoniques. C'est pourquoi l'ADSL n'a été disponible au départ que dans les plus grandes villes. Devant le succès des premiers packs, France Telecom s'est vite engagé dans une politique d'extension de ses réseaux, ce qui permet aujourd'hui à la plupart des habitants de villes de plus de 20 000 habitants d'accéder à Internet par ce biais.

Outre un taux de transfert élevé, cette technique offre bien d'autres avantages :

- Vous pouvez rester connecté 24 heures sur 24 et 7 jours sur 7 sans surcoût puisque l'abonnement est un forfait.
- Vous pouvez recevoir et envoyer des appels téléphoniques en même temps qu'une connexion Internet.
- Il n'y a pas de partage de bande passante (contrairement au câble).

Comme c'est le cas sur une ligne Numéris, communications vocales et transfert de données sont deux flux triés à la réception :

- Le téléphone se raccorde directement à la ligne.
- Le modem ADSL se charge de transmettre les données vers une carte réseau de type Ethernet ou un port USB.

Deux communications, une communication analogique et une communication numérique, peuvent donc s'établir en même temps sur la même ligne. Cela signifie que vous pouvez continuer à recevoir et à émettre des appels téléphoniques lorsque vous êtes connecté à Internet, ce qui n'est pas possible avec un modem classique.

L'ADSL chez vous : un modem, une ligne téléphonique

Choisir *le matériel*

Comme tout accès Internet, l'ADSL nécessite un ordinateur qui sert à la fois de terminal réseau, branche finale de connexion à cette grande toile d'araignée qu'est le Net, et d'outil pour l'utilisateur qui installe tous les logiciels dont il a besoin pour exploiter les services disponibles sur le réseau.

Mais un PC seul ne suffit pas. Une liaison ADSL a également besoin pour fonctionner d'une ligne téléphonique classique et d'un modem reliant le PC à la ligne téléphonique.

L'une des particularités de l'ADSL, et ce qui lui a valu son grand succès, est qu'il s'accommode parfaitement d'une simple ligne téléphonique.

Le modem ADSL n'a pas grand-chose à voir avec celui qui est utilisé pour une liaison RTC classique. La plupart du temps, il s'agit d'un petit boîtier qui se connecte au PC via le bus USB.

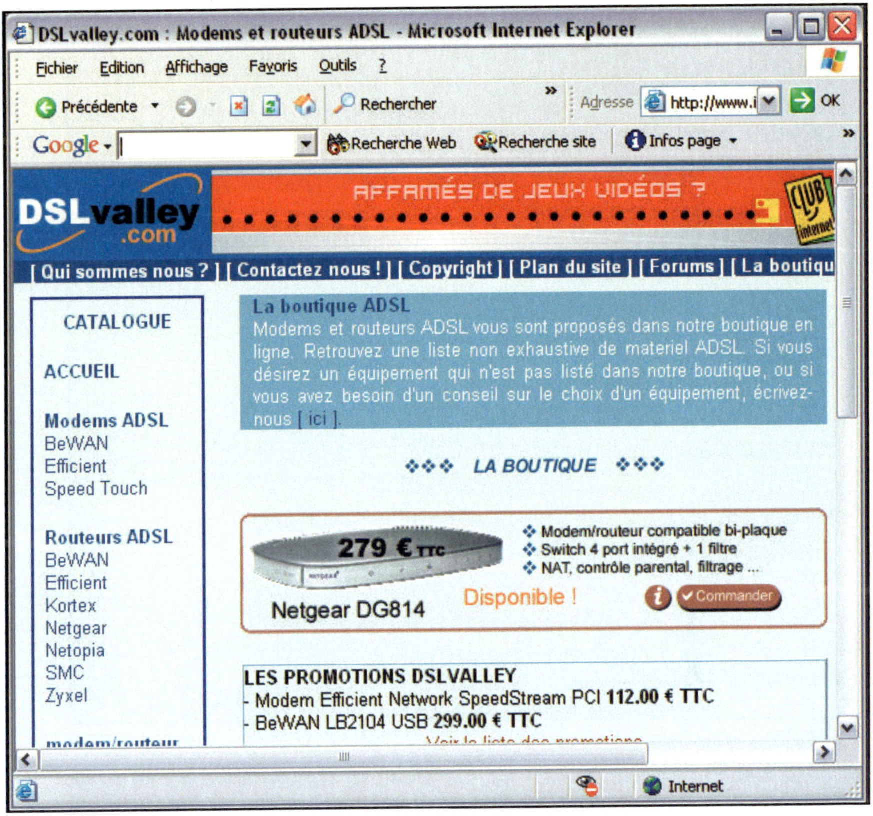

Vous verrez par la suite comment choisir votre modem. Le choix déterminant est avant tout celui du fournisseur d'accès, car beaucoup d'éléments vont en découler.

Choisir un fournisseur d'accès

L'ADSL, oui, mais lequel ? Les fournisseurs d'accès Internet (souvent nommés FAI ou *providers*) proposant un accès Internet sont en effet nombreux, mais ne sont pas tous au même niveau.

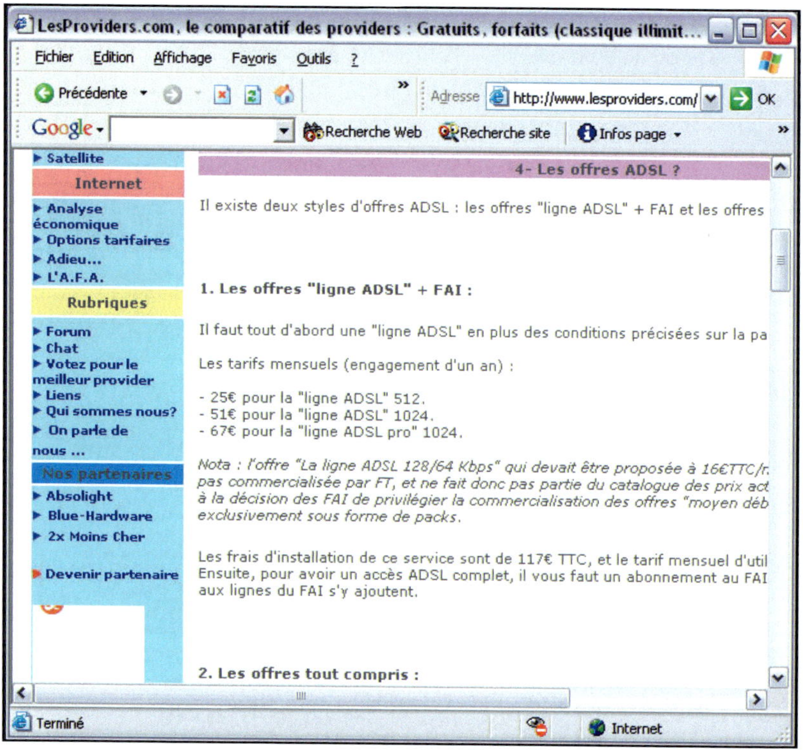

Le débit de données

Le critère essentiel pour choisir un FAI est sans aucun doute le débit proposé pour transférer les données.

La plupart du temps, ce débit est mesuré en kilobits par seconde (kbps).

Pour comprendre à quoi correspond cet étalon de mesure, il faut savoir qu'il faut 8 bits pour obtenir un caractère. Vous pouvez donc transférer 125 caractères dans 1 kilobit.

Toutefois, ce calcul est approximatif, car un transfert réseau engendre son propre volume de données afin de délimiter les blocs de données, de synchroniser les deux ordinateurs impliqués, d'effectuer des corrections d'erreur, etc. Dans la réalité, 1 kilobit correspond à environ 100 caractères.

Avec un modem 56k, qui transfère donc 56 kbps, un document de 5600 caractères sera donc transféré en une seconde.

Les fournisseurs proposent actuellement des volumes à la carte.

- 128 kbps : ce volume correspond à une liaison ADSL d'entrée de gamme, peu performante mais proposant les fonctions de base dont la connexion permanente. Elle peut être qualifiée de moyen débit, par comparaison à un transfert avec un modem 56k qui représente un accès à bas débit.
- 512 kbps : c'est l'offre classique la plus répandue en France. Elle représente le haut débit standard et suffit pour la plupart des utilisateurs.
- 1024 kbps (ou 1 Mbps) : ce volume commence à être offert par certains prestataires moyennant un surcoût plus ou moins important. Ce très haut débit convient surtout aux utilisateurs particulièrement exigeants.

Certains FAI proposent aujourd'hui, avec leur abonnement haut débit, la télévision via l'ADSL. Cela fonctionne exactement de la même manière que le câble sauf que dans le cas présent, on utilise la liaison ADSL. Il est donc possible de surfer sur Internet et de regarder des chaînes numériques sans avoir besoin d'installer une parabole. Cette nouvelle technique est encore peu répandue sur le marché.

À l'instar de la norme V92, le flux est asymétrique, c'est-à-dire que les données circulent plus vite du fournisseur d'accès vers le client (voie descendante, de 128 kbps à 1024 kbps) que dans le sens contraire (voie montante, de 64 kbps à 640 kbps).

Enfin, il faut savoir que le débit ainsi proposé par un fournisseur est un débit théorique : il vous donne simplement le débit entre votre ordinateur et le point d'entrée du FAI. Rien n'indique en revanche que vous pourrez bénéficier réellement de ce débit lorsque vous chercherez à atteindre un autre ordinateur situé sur Internet. En effet, deux obstacles doivent être franchis :

- l'accès à Internet de votre fournisseur, qui est forcément sous-dimensionné par rapport à la bande passante cumulée dont disposent tous les internautes connectés ;
- Internet lui-même, qui n'offre aucun débit garanti entre deux points. Les performances d'un accès via Internet dépendent du lieu de l'ordinateur distant que vous cherchez à atteindre ainsi que du nombre d'internautes connectés partageant le réseau avec vous vers cet ordinateur.

Le premier point peut être écarté en s'abonnant chez un fournisseur avec une bande passante garantie, moyennant un surcoût non négligeable.

Vous verrez ce type d'offres plus en détail dans *Le coin des passionnés*.

En revanche, personne n'est maître du second point. Si l'accès est lent, vous n'avez plus qu'à attendre une heure de moindre affluence !

La fourniture du matériel

Une liaison ADSL nécessite un abonnement, mais aussi du matériel pour connecter l'ordinateur à la ligne téléphonique. L'appareil utilisé est un modem ADSL, nommé ainsi en comparaison avec les modems RTC, que vous connaissez déjà si vous êtes un internaute.

Les premiers utilisateurs de l'ADSL devaient louer leur modem. Désormais, ce modem est vendu, voire offert, lors de la souscription à un nouvel abonnement. Ce type d'offre, rassemblant modem et abonnement, s'appelle un « pack ». L'achat du modem n'est donc pas à négliger lors de l'élaboration d'un budget Internet.

Il existe différents types de modems : selon leur marque et leur mode de connexion au PC, les modalités d'accès sont différentes.

Une adresse IP fixe

Certains fournisseurs offrent avec l'abonnement ADSL une adresse IP fixe. Cette caractéristique est moins connue, peu courante mais néanmoins utile : l'ordinateur relié à Internet possède ainsi une adresse définitive.

Cette fonction est surtout intéressante si vous voulez que votre PC joue le rôle de serveur, en permettant de fournir des fichiers partagés, d'accéder à une webcam, etc.

Cependant, ce type d'offre a tendance à disparaître, car l'adresse IP est devenue une denrée rare sur Internet. Le nombre des adresses est limité, et l'agrandissement permanent du réseau augmente leur utilisation.

Comment choisir ?

Tous les providers se valent-ils ? La réponse est bien évidemment non. Cependant, il n'est pas question ici d'orienter le lecteur vers une marque particulière : les performances des FAI sont extrêmement variables d'un mois à l'autre.

Comment s'y retrouver ? Certains sites testent en permanence la vitesse de transfert de tous les providers, et permettent d'avoir ainsi un « instantané ». L'un des sites les plus connus est www.grenouille.com qui vous donne la « météo du Net ».

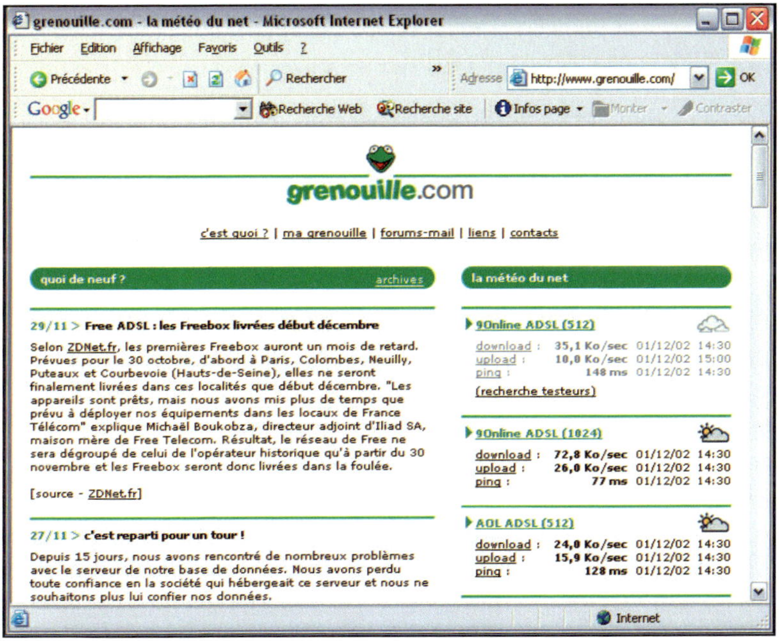

Une fois encore, ces indications, bien qu'utiles, doivent être prises pour ce qu'elles sont : des instantanés qui ne représentent pas forcément la pérennité des performances d'un fournisseur.

Chapitre 2

Installer une ligne ADSL

Vous, France Telecom et votre FAI

Avant l'installation proprement dite de l'ADSL sur votre PC, votre ligne téléphonique doit être modifiée pour laisser passer un flux de données ADSL. Il est important de bien comprendre comment fonctionne ce type de connexion. En effet, plusieurs choix s'offrent à vous.

Vous allez voir dans un premier temps les différentes étapes pour parvenir à l'installation de votre accès ADSL.

L'accès à Internet via ADSL passe par trois éléments principaux :

- un abonnement téléphonique classique ;
- l'abonnement à la ligne ADSL ;
- l'abonnement à Internet (FAI).

Aujourd'hui, beaucoup de sites Internet proposent de multiples informations pour vous aider à comprendre l'ADSL, par exemple ADSL-Facile (www.adsl-facile.com) ou encore DSL Valley (www.dslvalley.com).

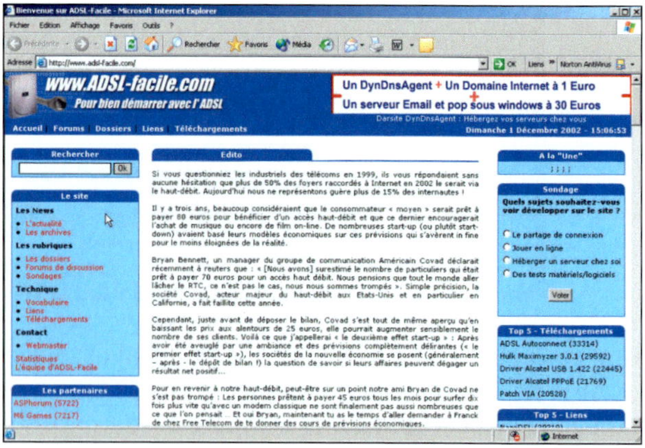

Il existe également une association, ADSL France, mise en place pour aider les utilisateurs de l'ADSL. Cette association concerne surtout les problèmes d'ordre juridique (abonnement, litiges). Elle a pour but également de promouvoir cette nouvelle technologie.

La ligne ADSL

La ligne ADSL (ex-Netissimo) est le nom que France Telecom a donné au service d'accès à la technologie ADSL. Cet abonnement n'est ni plus ni moins qu'un droit d'accès au réseau, au même titre qu'un abonnement au téléphone.

L'ADSL et le téléphone

Bien que les deux abonnements soient distincts, il n'est pas possible de s'abonner à un accès ADSL sans posséder un accès téléphonique. Vous devez donc payer les deux abonnements.

Il est possible lors de votre abonnement à la ligne ADSL que France Telecom vous propose la location d'un modem ADSL Ethernet et de son filtre. Les techniciens de France Telecom se chargent d'installer le modem chez vous et d'assurer la liaison au réseau ADSL. Dans le cas de l'achat du modem, vous devez l'installer vous-même.

Trois offres de ligne ADSL sont aujourd'hui disponibles :

- La ligne ADSL 128k est l'abonnement utilisé généralement par un particulier. Il permet d'avoir un débit de 128 ko au maximum. Il n'est pas très cher et peut convenir au moins fortunés qui souhaitent exploiter une connexion illimitée acceptable.
- La ligne ADSL 512k est utilisée par des particuliers, mais aussi par de petites entreprises de faible effectif. C'est l'installation la plus courante et la plus intéressante pour une utilisation ludique.
- La ligne ADSL 1024k est généralement utilisée par des entreprises de taille moyenne. Le débit et la vitesse proposés permettent de faire des échanges déjà plus importants.

Le choix dépend de l'usage envisagé. Un particulier peut s'arrêter directement sur les offres à 128k ou à 512k, tandis qu'une entreprise souhaitant réaliser des projets bien particuliers optera plutôt pour la deuxième offre. La différence réside principalement au niveau du débit accordé en envoi et en réception et du prix.

La ligne ADSL 1024k est plus rapide, ce qui convient tout à fait à de petites structures voulant par exemple partager un accès pour chaque collaborateur.

Étude *de faisabilité*

France Telecom ne fournit pas un abonnement ADSL directement. Une étude de fiabilité est d'abord effectuée pour garantir une connexion parfaite. En effet, toutes les lignes téléphoniques ne peuvent pas prendre en charge l'ADSL : votre logement doit être situé à une distance raisonnable de votre central téléphonique. Si votre zone n'est pas couverte par les offres ADSL, vous n'avez plus qu'à vous replier sur d'autres solutions (Numéris, RTC...) !

Le test effectué par France Telecom consiste en un aller-retour d'une trame de données entre le standard et votre poste. Les résultats sont renvoyés en décibels (dB).

- Si votre ligne répond à plus de 60 dB, vous pouvez bénéficier de l'ensemble des services.
- Entre 50 dB et 60 dB, seules les lignes ADSL 128k et 512k sont disponibles.
- Si les résultats montrent une réponse de 50 dB ou moins, vous ne pouvez pas bénéficier de l'ADSL.

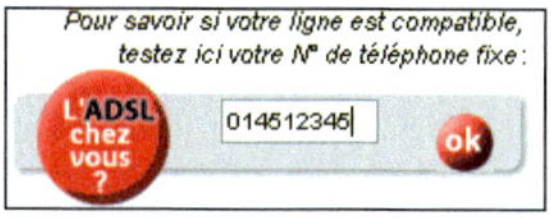

Pour effectuer ce test, le plus simple est d'appeler votre agence France Telecom (en composant le 10 14). Si vous disposez d'Internet, il est également possible d'interroger la base de données de couverture ADSL fournie par France Telecom à l'adresse www.francetelecom.fr.

Vous n'avez qu'à fournir votre numéro de téléphone pour valider la capacité de votre ligne téléphonique à prendre en charge l'ADSL.

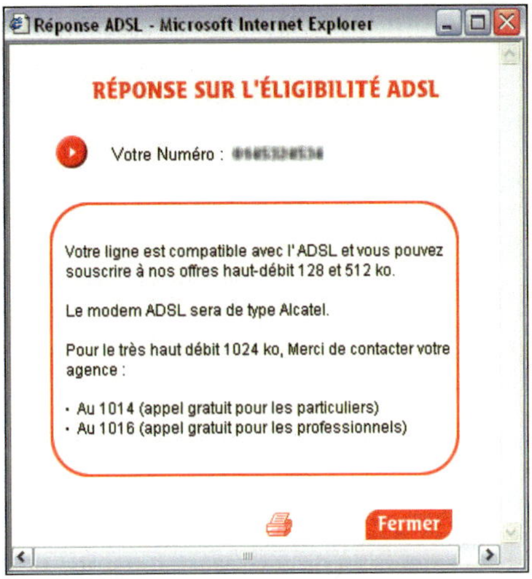

Toutefois, cet outil de validation en ligne n'est fourni qu'à titre indicatif : vous ne pouvez pas par exemple savoir si une offre de type ADSL 1024k est possible. Il vaut mieux valider définitivement la faisabilité de l'ensemble avec un technicien France Telecom.

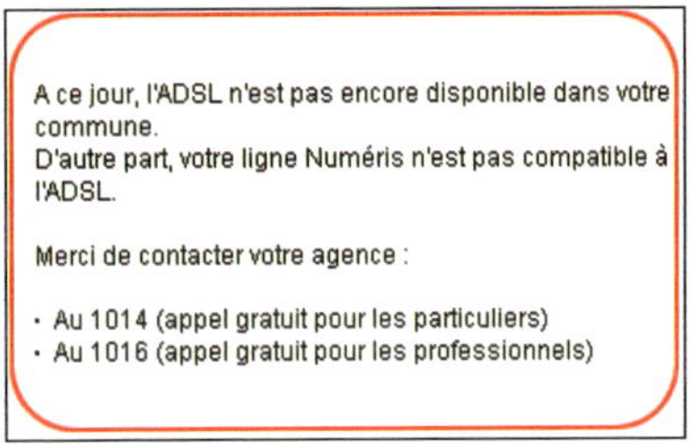

Autre restriction à connaître : il n'est pas possible d'installer l'ADSL par-dessus une ligne Numéris. Il est impératif d'utiliser une ligne RTC classique.

Les interlocuteurs

Vous remarquerez que vous avez ici deux interlocuteurs : France Telecom pour l'accès à la ligne ADSL et votre fournisseur d'accès à Internet. Cette façon de procéder n'est pas simple et peut même devenir problématique : si vous avez un problème de connexion, il peut être difficile de déterminer si la cause vient de France Telecom et de l'accès à votre ligne ou de votre FAI. À qui s'adresser ?

FAI

Un FAI est un fournisseur d'accès à Internet. C'est l'entreprise chargée de fournir aux particuliers et aux entreprises un accès par modem à Internet. On parle aussi parfois de *providers*.

Pour fournir l'ADSL au grand public, les FAI proposent des packs comprenant :

- un abonnement à la ligne ADSL ;
- un abonnement à Internet ;
- un modem ADSL.

Vous n'avez alors qu'un seul interlocuteur : votre FAI qui se charge de faire les démarches nécessaires auprès de France Telecom pour l'activation de votre ligne. Le plus souvent ces offres sont moins chères.

Le modem

Beaucoup d'utilisateurs ne savent pas quel modem acheter, ou ne veulent pas faire de longue comparaison de marque pour savoir lequel choisir. C'est pour cela que quelques fournisseurs d'accès proposent des packs ADSL. Ces offres comprennent un modem USB (parfois offert), et tout ce qui est nécessaire à la mise en route de la connexion ADSL.

> **Modem**
>
> Ce terme est l'acronyme de modulateur démodulateur. Il n'est possible de faire transiter des données informatiques sur une ligne téléphonique qu'en transformant les données en sons (en les modulant) et, de l'autre côté, en convertissant les sons en données (en les démodulant).
>
> Dans la pratique, un modem ADSL ne module ni ne démodule aucune information. Mais le terme est resté.

Un CD-Rom permet une installation automatique des composants nécessaires, ce qui est une charge de travail en moins pour les débutants. Cependant, vous devez quand même effectuer au moins une démarche en ce qui concerne l'abonnement et l'activation de votre ligne ADSL (contrat à retourner au prestataire).

Par la suite, vous ne payez qu'un abonnement unique regroupant votre accès ADSL et votre abonnement à Internet. Cette facilité d'installation est la raison du grand succès des packs ; ces offres sont aujourd'hui les plus commercialisées. Pour des offres séparées (si vous voulez louer votre modem par exemple), adressez-vous directement à votre agence France Telecom.

Compatibilité UPnP

La plupart des modems sont équivalents et offrent des fonctions très similaires. Par exemple, on ne note pas de différence de vitesse de transfert d'un modem à l'autre.

En revanche, certaines fonctions peuvent s'avérer très utiles ; par exemple, la gestion de la nouvelle norme UPnP (Universal Plug'n'Play) va vous permettre de gérer l'accès à certains services particuliers d'Internet (vidéo, jeux...) tout en conservant une sécurité suffisante (avant cette technologie, l'utilisateur devait soit utiliser des logiciels de sécurité particuliers, soit ouvrir complètement la « vanne » entre son ordinateur et Internet, sans possibilité de limiter les accès pour prévenir d'éventuels piratages).

Firewall

Certains modems offrent également des fonctions de base d'un firewall. Ces fonctions sont extrêmement utiles, car elles permettent de gérer de manière sécurisée les accès d'Internet vers votre ordinateur. Nous verrons dans la suite de cet ouvrage comment utiliser un firewall.

Achat *ou location ?*

Si vous souscrivez à l'ADSL par l'intermédiaire d'un pack, vous achetez le modem fourni : vous en êtes donc propriétaire. Cette solution est en général la moins onéreuse, en particulier avec les promotions actuelles qui offrent souvent le modem lors de la souscription à un nouvel abonnement.

Cependant, le système de location reste possible, même s'il est de moins en moins avantageux depuis l'arrivée d'offres packagées promotionnelles. Toutefois, si France Telecom venait à changer techniquement son réseau ADSL cette intervention demanderait un changement de modem :

- Dans le cas d'une location, le modem serait remplacé immédiatement et vous pourriez continuer votre location, sans frais supplémentaires.
- Dans le cas d'un achat, vous devriez acquérir un nouveau modem conforme.

Il faut néanmoins savoir qu'une telle éventualité de changement de technologie n'est pas prévue dans les années à venir.

Préparer l'ordinateur

Avant l'installation de la connexion proprement dite, une petite préparation s'impose. Vous allez voir ici les précautions à prendre dans le cas de l'utilisation d'une connexion à haut débit. L'installation de l'équipement nécessaire au bon fonctionnement de votre future connexion ADSL sera décrit étape par étape.

Le matériel nécessaire

Configuration minimale

Vous n'avez pas besoin d'une machine très performante pour pouvoir profiter pleinement de votre connexion. Cependant, un minimum est requis : il serait dommage d'être pénalisé parce que les capacités de votre ordinateur sont trop justes.

Prenons l'exemple de la lecture d'une vidéo sur Internet : même si vous possédez une connexion à haut débit, la vidéo risque d'être saccadée si votre PC est trop lent.

Il est donc important d'avoir un ensemble homogène si vous voulez obtenir des résultats satisfaisants. En principe, un **microprocesseur** cadencé à 500 MHz, avec 128 Mo de mémoire vive, convient très bien. Dans tous les cas, plus votre PC sera puissant, meilleurs seront les résultats. Enfin, une prise téléphonique est évidemment requise pour assurer la connexion distante.

Microprocesseur

Le microprocesseur est le cœur de l'ordinateur. Il est chargé d'effectuer les calculs et les traitements des différents programmes. Sa vitesse de traitement est donc prépondérante dans le fonctionnement d'un ordinateur.

Le système d'exploitation

Dans cet ouvrage, Windows XP est utilisé pour mettre en place la liaison ADSL. Ce **système d'exploitation**, le plus récent de la gamme Microsoft, se décline en deux versions :

- une édition familiale destinée aux ordinateurs grand public ;
- une édition professionnelle plus particulièrement conçue pour une utilisation au bureau ou dans tout milieu professionnel.

Système d'exploitation

Le système d'exploitation est le logiciel de base qui exploite le matériel (comme son nom l'indique), tout en fournissant un environnement (interface graphique, gestion des disques...) aux applications.

Bien choisir son système d'exploitation est donc déterminant.

Dans la pratique, ces deux versions sont peu différentes : la version familiale est tout simplement une version allégée de la version professionnelle. Ces limites ne sont pas pénalisantes pour un simple utilisateur. En revanche, si vous voulez intégrer votre ordinateur à un réseau local, il faudra envisager l'achat de la version professionnelle.

D'autres systèmes d'exploitation peuvent tout à fait convenir pour une utilisation réseau. En fait, Microsoft a inclus dans ses systèmes les composants nécessaires pour connecter un ordinateur à Internet depuis déjà un certain nombre d'années (depuis la version 95 de Windows). Même si des modifications assez importantes sur la forme ont pu apparaître entre le premier système exploitant ces possibilités, Windows 95, et le récent Windows XP, le principe reste toujours identique.

L'évolution des systèmes d'exploitation Microsoft et de leurs fonctions réseau

Système	Année de sortie	Fonctions supplémentaires
Windows 95	1995	Intégration des fonctions réseau de base
Windows 95 OSR2	1997	Gestion des périphériques USB, intégration d'Internet Explorer
Windows 98	1998	Internet Explorer 4
Windows 98 SE	1999	Partage d'accès à Internet
Windows Millennium	2000	TCP/IP en protocole standard
Windows XP	2001	Nouvelle interface graphique

Les précautions *d'usage*

Lors de l'utilisation d'une connexion de type ADSL, la sécurité est primordiale. Vous pouvez rester connecté de longues heures, et il est ainsi facile pour un esprit malveillant de repérer une cible. Le même problème se pose pour les virus, nombreux à circuler sur Internet. Il vaut mieux se protéger.

Vous allez voir dans cette partie comment installer et configurer Norton Antivirus, l'un des programmes les plus utilisés en matière d'éradication de **virus**.

> **Virus**
>
> Un virus est un programme qui se propage d'un ordinateur à l'autre, à l'insu de l'utilisateur, par l'intermédiaire de tous les médias possibles (disquettes, e-mails, etc.).
>
> Certains virus sont inoffensifs et ne font que se propager. D'autres, en revanche, peuvent détériorer des données ou rendre inutilisables certaines fonctions.

Lorsque vous insérez le CD-Rom de Norton dans votre lecteur, un assistant démarre automatiquement pour vous aider à installer le produit. Si le CD-Rom ne se lance pas automatiquement, vous pouvez accéder au lecteur de CD par le Poste de travail de Windows. Double-cliquez ensuite sur le fichier *Setup.exe*.

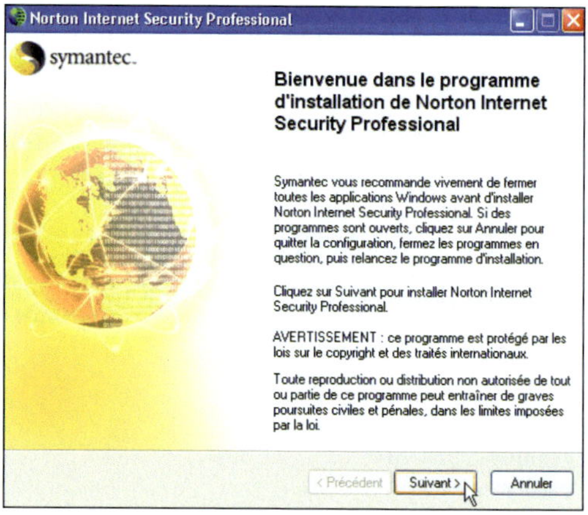

1 Lorsque l'assistant démarre, cliquez sur **Suivant**. Norton Antivirus vous propose les termes de licence. Acceptez puis cliquez sur **Suivant**. Il vous propose un répertoire pour l'installation. Acceptez en cliquant sur **Suivant**.

L'installation de Norton commence. Cette opération peut durer quelques minutes.

2 Le programme d'installation ouvre ensuite un fichier texte contenant les dernières informations sur le produit. Cliquez sur **Suivant**. Norton vous demande de redémarrer votre ordinateur. Acceptez et cliquez sur **Terminé**. ■

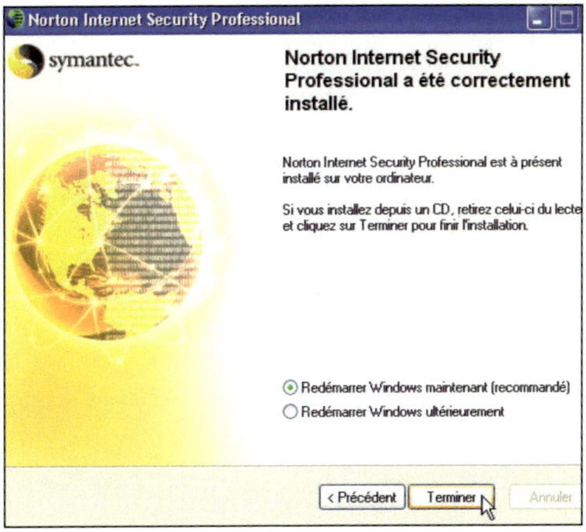

L'installation ne pose généralement pas de problème majeur. Vous allez maintenant pouvoir configurer l'antivirus et voir comment Norton fonctionne.

1 Votre ordinateur redémarre et lance automatiquement Norton. Une fenêtre de configuration s'affiche alors. Cette fenêtre vous propose d'exécuter Live-Update immédiatement. Ce programme met à jour les définitions de virus, vous le verrez un peu plus loin. Norton vous propose également d'effectuer une analyse directe de votre ordinateur. Vous pouvez cocher cette case si vous le voulez, Norton effectue alors une première vérification. Enfin, vous pouvez lancer le planificateur de tâches si vous voulez programmer régulièrement l'analyse de votre ordinateur à une date précise.

2 Cliquez sur **Terminé**. Norton est prêt à l'emploi. ■

Vous allez découvrir maintenant quelques fonctions particulièrement intéressantes qui vous permettront de personnaliser Norton :

1 Double-cliquez sur l'icône de Norton. La fenêtre principale du programme apparaît.

2 Passez sous l'onglet **Etat** qui regroupe les paramètres généraux. Il décrit quelles options ont été activées et indique la date des définitions de virus utilisées. Notez bien la date des définitions de virus utilisées par Norton, elle vous permet de voir rapidement si votre antivirus est à jour.

- *Auto Protect* : cochez cette option pour que Norton surveille l'ordinateur sans interruption. Si un virus est détecté, le programme vous en informe immédiatement.

- *Analyse des Emails* : cette option est très importante. Elle permet la vérification de vos e-mails avant leur ouverture. Si l'un de vos e-mails est contaminé, Norton tente de le désinfecter.

- *Blocage de script* : cette option est très pratique lors de la navigation sur Internet. Les scripts sont des morceaux de programmes utilisés pour donner, par exemple, des effets graphiques sur les sites web. Certains scripts s'exécutent à votre insu pour contaminer votre ordinateur. Cette option permet de minimiser ce risque.

3 Cliquez sur l'onglet **Analyse antivirus**. Norton vous propose de choisir quels éléments vous voulez analyser. Vous pouvez analyser une disquette, tout ou partie de vos disques durs, des dossiers particuliers. Vous êtes libre de choisir. Cependant, il est recommandé de lancer une analyse complète, cela pourrait vous épargner bien des surprises ultérieurement. Une fois votre sélection faite, cliquez sur **Analyser** pour démarrer le processus. Norton affiche alors en direct le déroulement des opérations.

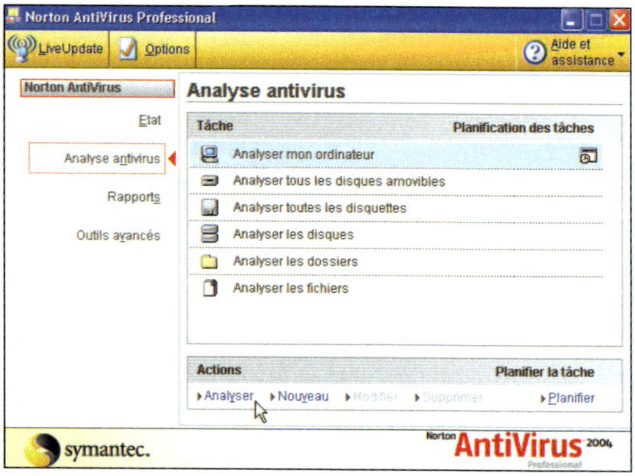

4 Une fois l'opération terminée, Norton affiche un rapport vous indiquant s'il a trouvé des virus et s'il a pu nettoyer l'ordinateur. Si le programme a trouvé un virus, il vous propose de le réparer. C'est la première option à tenter. Si l'antivirus n'y parvient pas, vous devez mettre le fichier infecté en quarantaine, c'est-à-dire isoler un ou plusieurs fichiers infectés, de manière à ce que le PC ne soit pas

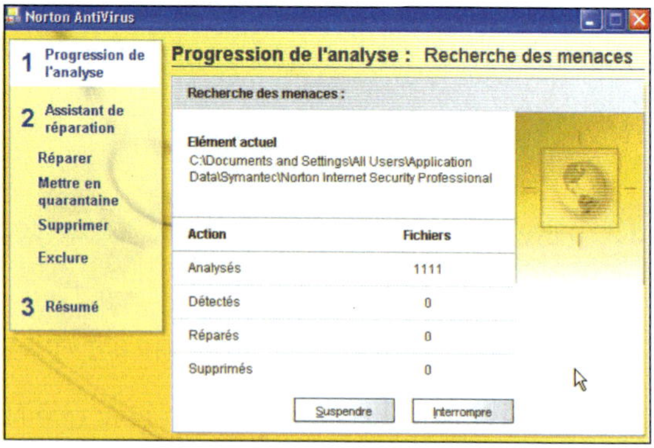

entièrement contaminé. Cliquez pour cela sur l'option correspondante. Vous verrez un peu plus loin comment retrouver ces éléments mis en quarantaine afin de les supprimer.

Vous avez également la possibilité de planifier des analyses quotidiennes.

5 Cliquez sur le lien *Programme*. Une fenêtre apparaît.

6 Cliquez sur **Nouveau**. Norton vous propose de planifier une analyse. Sélectionnez le jour, l'heure, la fréquence de répétition et cliquez sur OK. Une analyse est alors effectuée à l'heure que vous avez indiquée. Cette option vous sera utile si vous ne pensez pas toujours à vérifier la présence de virus sur votre ordinateur. Ainsi, vous ne vous occupez de rien, Norton se charge de tout à votre place.

7 Cliquez maintenant sur l'onglet **Rapports**. Il vous donne des informations intéressantes. La première rubrique notamment vous donne accès aux éléments que vous avez mis en quarantaine. Cliquez sur **Voir Rapport**. Une fenêtre s'ouvre vous indiquant à droite la liste des fichiers mis en quarantaine. Vous pouvez ici les supprimer définitivement afin qu'il ne risque plus de contaminer votre ordinateur. Attention, si par mégarde vous avez mis en quarantaine un fichier système, celui-ci ne pourra pas être effacé et donc la seule solution restera une réinstallation complète de votre PC de manière à détruire le virus ! Mettre un fichier en quarantaine signifie que le fichier a déjà été infecté. Pour supprimer les éléments mis en quarantaine, sélectionnez-les sur la liste et appuyez sur la touche [Suppr]. ■

Vous allez maintenant configurer quelques options.

1 Cliquez sur le bouton **Options** en haut de la fenêtre.

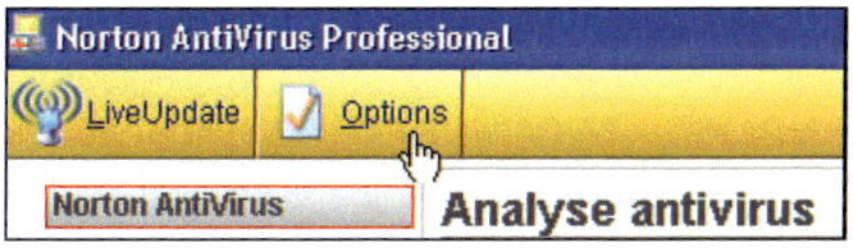

2 La fenêtre des options s'affiche directement sous l'onglet **Auto Protect**. Assurez-vous que les options *Activer Auto-Protect*, *Lancer Auto-Protect au démarrage de Windows* et *Afficher l'icône Auto-Protect dans la barre d'état*

système sont cochées. Assurez-vous également que la ligne *Réparer automatiquement le fichier infecté* est sélectionnée.

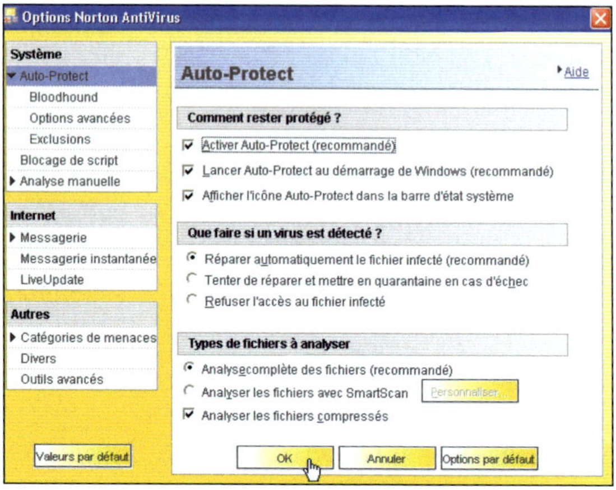

3 Cliquez sur l'onglet **Blocage de script** et vérifiez que l'option *Activer le blocage de script* est activée.

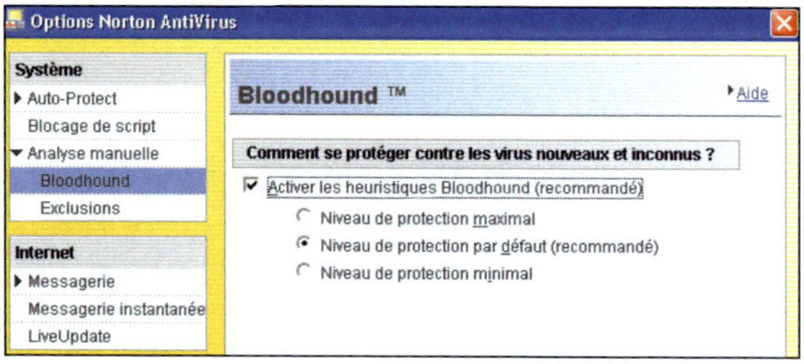

4 Cliquez maintenant sur l'onglet **Analyse manuelle**, puis sur l'onglet **Bloodhound**. Vérifiez que cette option est activée. La fonction Bloodhound lance une analyse particulière permettant de détecter des virus que Norton ne connaît pas. Si un virus encore inconnu est trouvé, cela permet de mettre le fichier en quarantaine et d'actualiser la liste des virus avant de désinfecter le fichier.

5 Cliquez sur l'onglet **Messagerie**. Cochez les options *Analyser les emails entrants* et *Analyser les emails sortants*. Norton vous protégera lorsque vous consulterez et enverrez vos e-mails.

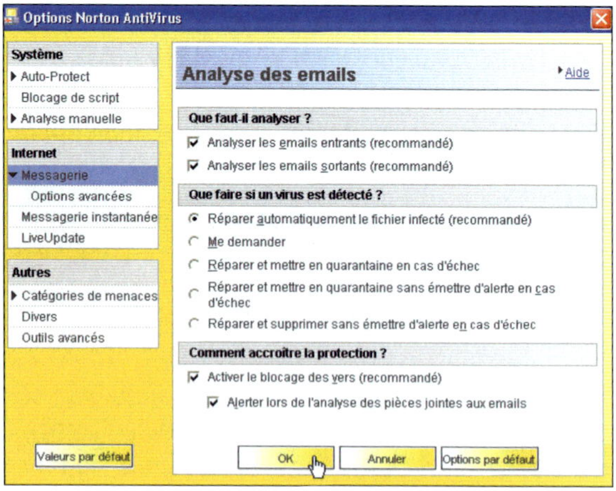

6 Validez par OK. Votre antivirus est configuré. ■

N'oubliez pas de faire une mise à jour des définitions de virus afin d'avoir la meilleure protection possible. Voici comment procéder :

1 Démarrez Norton en double-cliquant sur son icône dans la barre des tâches.

2 Vérifiez que vous êtes connecté à Internet et cliquez sur le bouton **Live Update** situé en haut de la fenêtre principale.

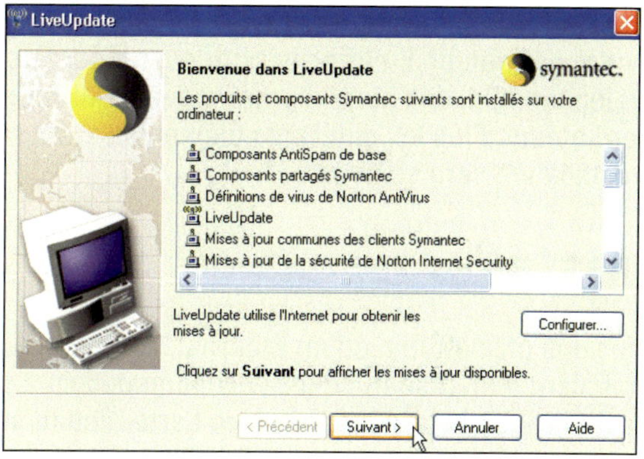

3 Live Update démarre. Cliquez sur **Suivant**. Le programme tente une connexion au serveur de Symantec et vous propose les mises à jour à effectuer. Assurez-vous que l'option *Définitions de virus de Norton Antivirus* est sélectionnée, puis cliquez sur **Suivant**.

4 Le téléchargement commence. Une fois terminé, le programme se met à jour automatiquement et un rapport d'installation s'affiche. Cliquez sur **Terminer**. Norton est maintenant à jour. ■

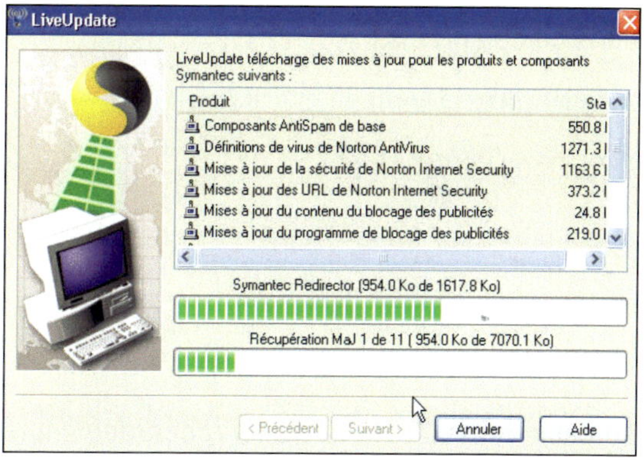

Vous avez appris à manipuler Norton Antivirus, qui est très efficace dans son domaine. Vous verrez dans les prochains chapitres comment sécuriser votre ordinateur par rapport à d'autres types d'attaque réseau.

Mettre en place le matériel

L'installation n'est pas compliquée. Quelques critères doivent être pris en compte, comme l'emplacement choisi pour votre installation qui sera quelque peu différente, selon le modem utilisé (USB ou Ethernet).

Il est préférable que votre prise téléphonique soit le plus près possible de votre ordinateur. En effet, le filtre est raccordé d'un côté à votre prise téléphonique, de l'autre à votre modem qui, lui, est connecté à votre ordinateur. Plus les différents éléments seront rapprochés, plus votre installation sera soignée.

Installer *un modem Ethernet*

Si vous utilisez un modem Ethernet, votre connexion ADSL fonctionne à la manière d'un réseau. Vous avez donc besoin d'une carte réseau sur laquelle sera branché votre modem. Une carte réseau standard 10/100 Mbits avec une connectique de type RJ45 suffit.

Si vous optez pour la location de votre modem auprès de France Telecom, un technicien viendra vous l'installer. Dans le cas contraire, vous devez procéder à sa mise en place vous-même. Voici donc le matériel nécessaire dans ce cas précis :

- une carte réseau ;
- un modem Ethernet ;
- un filtre ;
- un câble droit de type RJ45 ;
- un câble de raccordement téléphonique.

Le câble réseau et le câble de raccordement téléphonique sont livrés avec le modem. Lors de l'achat d'un pack ADSL ou de la location de votre modem, seuls le modem, le filtre et les câbles sont fournis. Vous devez acquérir la carte réseau.

Maintenant que vous avez le matériel nécessaire, vous pouvez commencer l'installation.

Installer la carte réseau

Dans un premier temps, il faut monter physiquement la carte réseau dans le PC. La seconde étape consiste à installer les pilotes de la carte afin que votre système d'exploitation la reconnaisse. Pour monter votre carte, procédez comme suit :

1 Ouvrez l'unité centrale et repérez un emplacement PCI libre.

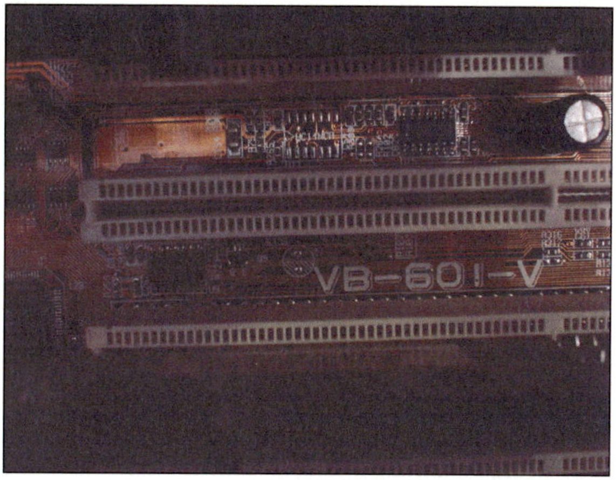

2 Prenez la carte réseau délicatement, de préférence par le bord en aluminium. Évitez de poser vos doigts sur la carte elle-même pour ne pas l'endommager.

3 Insérez la carte dans l'emplacement libre. Vous ne pouvez pas vous tromper de sens. Les emplacements PCI ont deux parties distinctes, dont l'une est plus petite que l'autre. L'ergo de la carte a la même forme. Enfoncez la carte franchement. Vous entendez un bruit vous indiquant que la carte est correctement insérée.

4 Vissez la carte de manière à ce qu'elle ne bouge plus. Refermez votre unité centrale. ■

Lorsque vous redémarrez votre ordinateur, Windows XP détecte automatiquement votre carte réseau et installe un pilote générique. Elle est mise en fonction immédiatement par votre système d'exploitation. Il est quand même recommandé d'utiliser les pilotes fournis par le constructeur. Il faut alors les mettre à jour. Dans cet exemple, il s'agit des pilotes d'une carte réseau D-Link :

1 Cliquez sur le bouton **Démarrer**, puis choisissez **Paramètres/Panneau de configuration**.

2 Double-cliquez sur l'icône *Système*. Si vous ne la voyez pas, cliquez sur *Basculer vers l'affichage classique*. Ce lien se trouve en haut à gauche de la fenêtre du Panneau de configuration.

3 La fenêtre des propriétés système s'affiche. Cliquez sur l'onglet **Matériels**, puis sur le bouton **Gestionnaire de périphériques**.

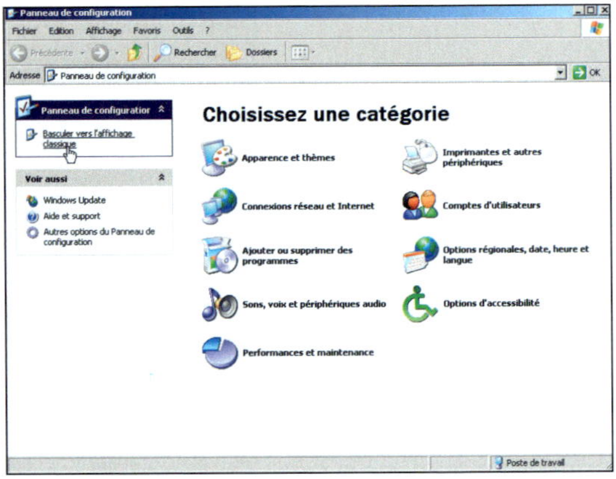

4 Sur la liste, double-cliquez sur l'entrée *Cartes réseau*. Le nom de la carte réseau que Windows XP a installée automatiquement est affiché.

5 Cliquez avec le bouton droit de la souris sur l'entrée correspondant à votre carte, puis sélectionnez **Propriétés**.

6 Dans la fenêtre des propriétés, cliquez sur l'onglet **Pilote**. Les informations concernant les pilotes installés s'affichent, notamment la

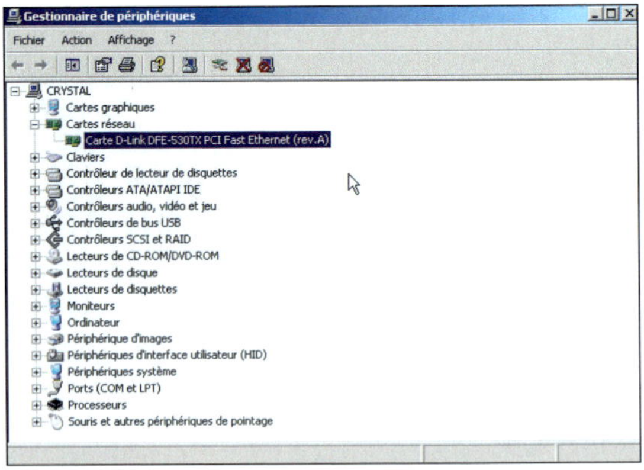

date du pilote en cours d'utilisation. Cette date vous permet de savoir si vos pilotes sont à jour.

7 Cliquez sur le bouton **Mettre à jour le pilote**.

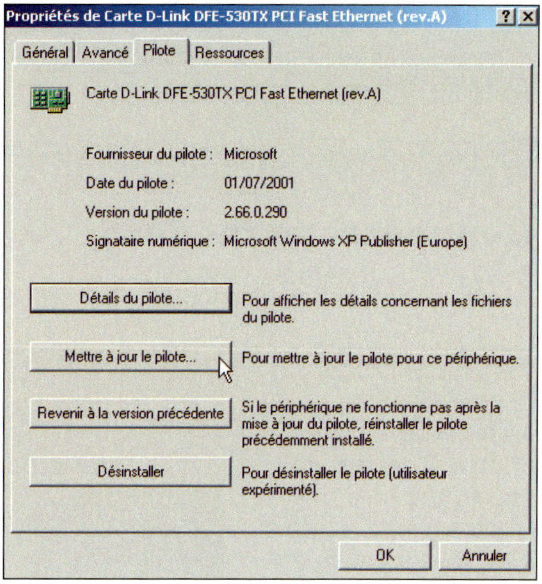

8 L'assistant de mise à jour de Windows XP démarre. Il vous propose de rechercher automatiquement de nouveaux pilotes. Dans cet exemple, Windows XP va utiliser les pilotes fournis avec la carte. Choisissez donc *Installer à partir d'une liste ou d'un emplacement spécifié*.

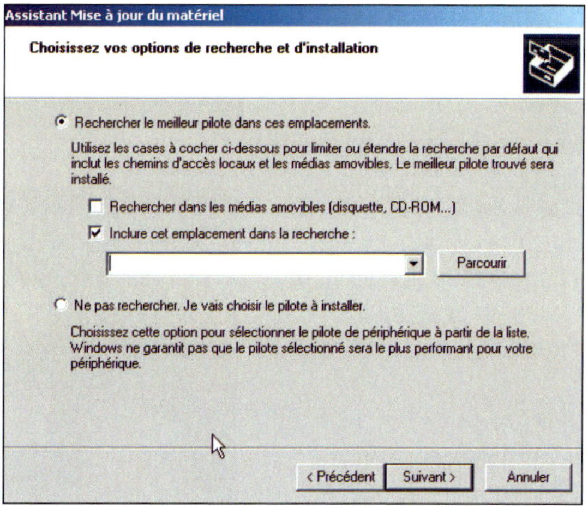

9 Insérez la disquette ou le CD-Rom fourni avec la carte dans le lecteur approprié. Cliquez sur *Rechercher le meilleur pilote dans ces emplacements*, puis cochez *Inclure cet emplacement dans la recherche*.

10 Indiquez au système où trouver le pilote. Ici, il s'agit d'une disquette. Cliquez sur **Parcourir**. Dans la boîte de dialogue, sélectionnez le lecteur de disquette (par défaut l'unité *A*).

11 Cliquez sur OK. Windows recherche les informations nécessaires. Cliquez sur **Suivant** pour démarrer la mise à jour. Windows installe les pilotes. Le système vous demande éventuellement si vous êtes sûr de mettre à jour votre carte. Répondez **Oui**. En fait, Windows ne connaissant pas ces pilotes vous met en garde sur un risque d'incompatibilité. Le plus souvent, les constructeurs ont des pilotes totalement compatibles.

12 Lorsque la mise à jour est terminée, redémarrez votre ordinateur. ■

Connecter le modem

Suivez ces étapes pour connecter votre modem Ethernet :

1 Commencez par brancher le cordon téléphonique à votre modem. Il n'y a pas de sens particulier, la connectique est la même à chaque embout. Repérez sur votre modem une prise nommée *Line* (ligne), c'est là qu'il faut brancher le modem.

2 Branchez l'autre prise de votre cordon téléphonique sur la prise située en dessous de votre filtre ADSL.

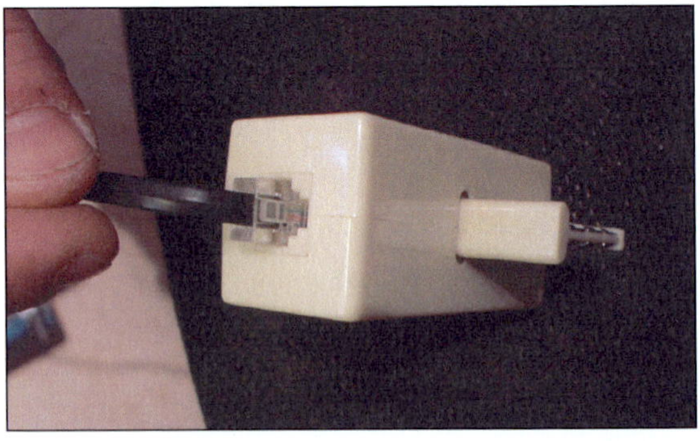

3 Connectez maintenant le filtre sur votre prise téléphonique. N'oubliez pas d'y brancher votre téléphone.

4 Reliez le câble réseau à votre modem sur la prise marquée 10Base T et à votre ordinateur sur l'entrée de votre carte réseau.

Les branchements sont terminés. Allumez votre modem. Si votre ligne fonctionne correctement, les diodes du modem commencent à clignoter. Cette opération prend quelques minutes. Le modem cherche votre réseau ADSL. Lorsque le modem a trouvé votre ligne, deux diodes restent allumées :

- Line Sync indique que votre modem a trouvé le réseau ADSL.
- Pwr/Alarm est le témoin lumineux qui indique que votre modem est sous tension.

Si votre modem continue à clignoter, c'est que vous avez commis une erreur dans les branchements ou que votre ligne ADSL n'est pas disponible. Contactez alors votre fournisseur.

L'installation matérielle est terminée. Il ne reste plus qu'à installer votre connexion ADSL proprement dite sur votre système d'exploitation.

Installer *un modem USB*

Un modem USB fonctionne beaucoup plus simplement : vous n'avez pas besoin d'une carte réseau. Cette installation, contrairement à la précédente, se déroule comme pour un modem standard. Il faut dans un premier temps installer les pilotes du modem USB sur votre système d'exploitation, puis connecter votre modem à la prise téléphonique et à votre ordinateur.

Ports USB

Les ports USB sont les ports principaux permettant de connecter à un ordinateur des périphériques externes. Ces ports ont pour particularité d'être *hot-plug*, c'est-à-dire qu'il est possible de connecter un périphérique alors que l'ordinateur est allumé.

Les ports USB remplacent les ports série et parallèles, qui deviennent de plus en plus obsolètes.

Vous pouvez remarquer que, dans le cas d'un modem Ethernet, il n'y a pas de pilote. C'est la carte réseau qui est l'intermédiaire entre votre ligne ADSL et votre modem (d'où l'installation de la carte réseau sous Windows). Dans le cas présent, votre modem USB se charge de tout. Il faut donc que Windows reconnaisse votre modem USB. Voici le matériel que vous devez posséder :

- un modem USB ;
- un filtre ADSL ;
- un câble de raccordement téléphonique ;
- un CD-Rom d'installation.

Commencez par installer les pilotes du modem USB. Ils se trouvent sur le CD-Rom fourni avec le modem. Il est important de mettre à jour ces pilotes. Une fois que votre connexion ADSL fonctionnera et sera paramétrée, rendez-vous sur le site de votre fournisseur afin de télécharger les derniers pilotes en date et recommencez la procédure d'installation.

Pour installer les pilotes, lancez le programme présent sur le CD-Rom. Suivez les différentes étapes affichées à l'écran. À la fin de l'installation, vous êtes invité à brancher votre modem. La mise en place est la même que la

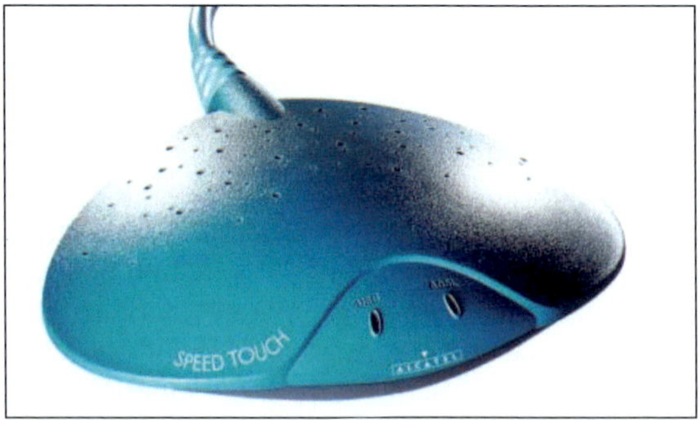

précédente. La différence est qu'ici vous n'avez pas besoin de carte réseau.

1 Reliez le cordon téléphonique au filtre. La prise se trouve sous le filtre.

2 Reliez l'autre extrémité du câble à votre modem USB. Vous ne pouvez pas vous tromper d'emplacement.

3 Branchez maintenant votre cordon USB sur votre modem, puis sur un port USB de votre ordinateur.

4 Windows détecte alors votre modem. Insérez éventuellement le CD-Rom d'installation si Windows vous le demande afin de mettre à jour le système.

5 Redémarrez l'ordinateur. Votre modem est installé. ■

Il ne reste plus qu'à configurer la connexion ADSL sur votre système.

De la même manière que le modem Ethernet, une fois mis sous tension, votre modem USB recherche la présence d'une ligne ADSL. Il clignote pendant quelques secondes, puis se stabilise une fois la ligne trouvée.

Il y a encore quelque temps, les **filtres** étaient livrés sous la forme d'un boîtier que seul un technicien de France Telecom pouvait installer.

Filtre

Sur une ligne téléphonique dotée de l'ADSL, le filtre permet de séparer à l'arrivée les données Internet, qui vont vers l'ordinateur, des voix qui vont directement sur le téléphone.

Aujourd'hui, le filtre se présente exactement comme un dédoubleur téléphonique. Branchez simplement le filtre sur la prise murale, puis votre prise de téléphone, de la même manière que vous branchez un fax ou un Minitel, autrement dit sur le filtre. Il faut également relier le modem au filtre, via le cordon téléphonique livré avec le modem.

Vous pouvez distinguer le cordon téléphonique du câble réseau qui relie le modem à la carte par leur couleur (généralement, le câble téléphonique est noir) et par leur épaisseur. Voici à quoi ressemble chacun des deux câbles :

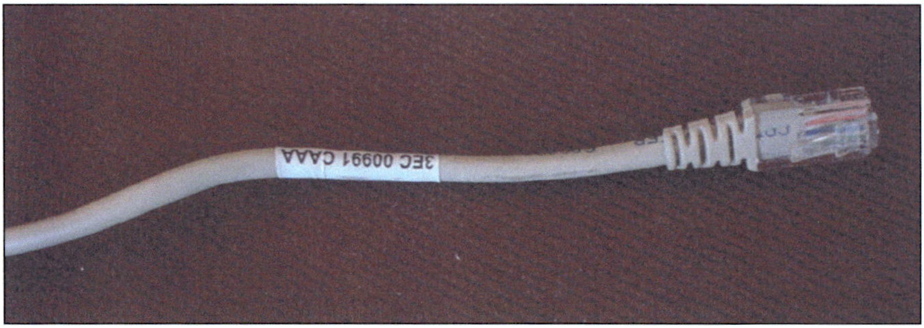

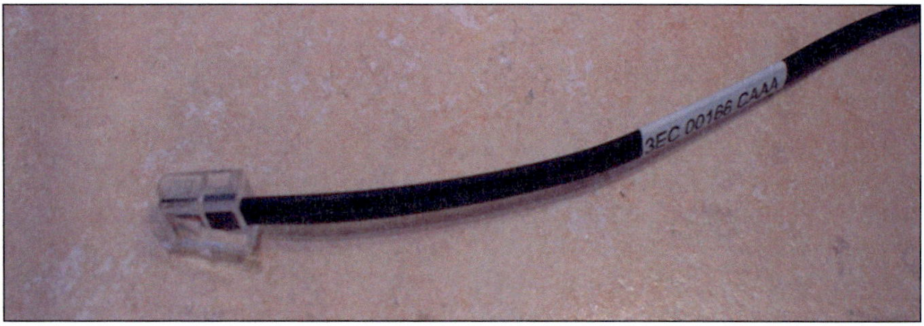

Installer *un routeur*

Vous avez également la possibilité de mettre en place un **routeur** en complément de votre modem.

Routeur

Un routeur est un petit boîtier se connectant à un réseau local et qui permet aux utilisateurs de ce réseau de partager un accès Internet (une connexion ADSL, par exemple) pour ainsi en faire profiter tous les postes reliés au réseau.

L'installation d'un routeur implique la présence d'un **réseau local**.

Réseau local

Un réseau local est un ensemble composé de câbles, de cartes réseau et de divers éléments permettant de relier des ordinateurs situés dans le même local.

Un réseau local permet de partager des données, des ressources (par exemple une imprimante), ainsi que l'accès à Internet.

Voici quelques-uns des avantages que peut offrir un routeur :

- possibilité aux membres d'un réseau d'accéder à Internet de manière autonome ;
- sécurité renforcée par la présence d'un pare-feu de connexion intégré ;
- possibilité de paramétrer des serveurs virtuels (pour héberger un serveur web par exemple), tout en restant protégé ;
- gestion des DNS dynamiques.

Suivant le modèle du routeur utilisé, les options disponibles varient. Vous allez apprendre à installer un routeur D-Link 604. Dans un réseau, un commutateur sert de liaison entre les PC. Vous pouvez donc ajouter un routeur. L'avantage du D-Link 604 est qu'il regroupe en un seul appareil le commutateur et le routeur. Ce moyen d'interconnexion convient parfaitement aux personnes qui ne possèdent pas encore de réseau.

Il existe depuis quelque temps des routeurs capables de gérer les connexions ADSL USB. Vous allez voir ici l'installation d'une liaison ADSL de type Ethernet.

Voici la liste du matériel nécessaire :

- un routeur D-Link 604 ;

- des câbles droits RJ45 (un pour chaque ordinateur relié au réseau) ;
- un modem ADSL de type Ethernet ;
- un filtre ADSL et son câble téléphonique.

Montez les cartes réseau dans chaque PC qui composent votre réseau.

Reportez-vous un peu plus haut à la section intitulée *Installer la carte réseau*.

Vous pouvez à présent passer à la configuration nécessaire au bon fonctionnement de votre installation :

1 Cliquez sur le menu **Démarrer**, puis sur **Panneau de configuration**.

2 Double-cliquez sur **Connexions réseau**.

3 La fenêtre qui s'ouvre répertorie tous les réseaux qui ont été paramétrés. Dans ce cas précis, vous n'avez besoin que d'une connexion de type réseau local. Si vous avez paramétré précédemment une connexion Internet, cliquez avec le bouton droit de la souris sur l'entrée correspondante et activez la commande **Supprimer**.

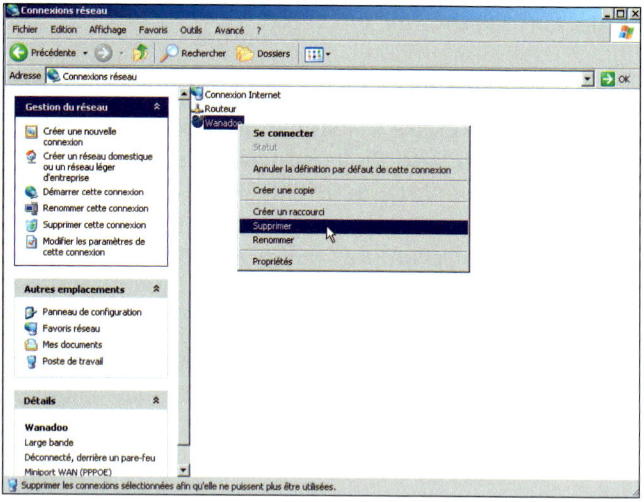

4 Pour configurer votre carte réseau, cliquez avec le bouton droit de la souris sur la ligne désignant votre réseau local, puis choisissez **Propriétés**.

5 Dans la fenêtre suivante, double-cliquez sur *Protocole TCP/IP* et assurez-vous que l'option *Obtenir une adresse IP automatiquement* est cochée. Activez l'option *Obtenir les adresses des serveurs DNS automatiquement*.

6 Cliquez deux fois sur OK. ■

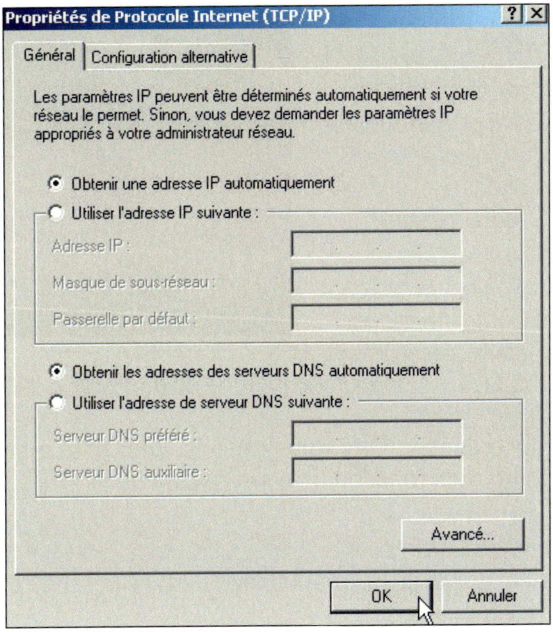

Configurez ainsi chaque PC connecté au routeur. Vous pouvez maintenant passer au branchement de chaque élément. Pour rappel, le routeur D-Link 604 est à la fois un commutateur et un routeur.

Installation classique

Dans une installation plus classique, vous auriez deux appareils distincts. Les branchements se présentent alors ainsi : les PC sont reliés au commutateur, le routeur est ensuite branché sur la ligne DSL, puis connecté sur le commutateur.

Ici, le D-Link se charge d'effectuer le travail d'un routeur et d'un commutateur en même temps. Les branchements sont donc plus souples. Procédez comme suit :

1 Connectez chaque PC aux ports du routeur à l'aide d'un câble droit.

2 Connectez un embout du cordon téléphonique au filtre. Branchez l'autre embout sur la prise Line du modem.

3 Avec un câble droit, connectez le modem par sa prise 100Base T et le routeur sur un port quelconque. ■

Les branchements sont terminés. Vous allez maintenant configurer le routeur en fonction de votre réseau local :

1 Lancez Internet Explorer, puis tapez l'adresse `192.168.0.1` dans la zone correspondante. Le routeur sorti d'usine possède cette adresse IP par défaut sur le réseau.

Le panneau de configuration du routeur s'affiche.

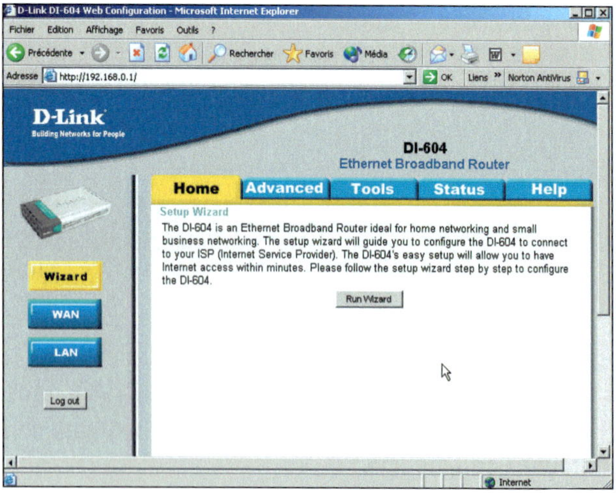

L'onglet **Home** regroupe les paramètres du réseau local (LAN) et d'Internet (WAN). Vous allez paramétrer le LAN pour que votre réseau fonctionne au niveau matériel.

2 Cliquez sur le bouton **LAN**.

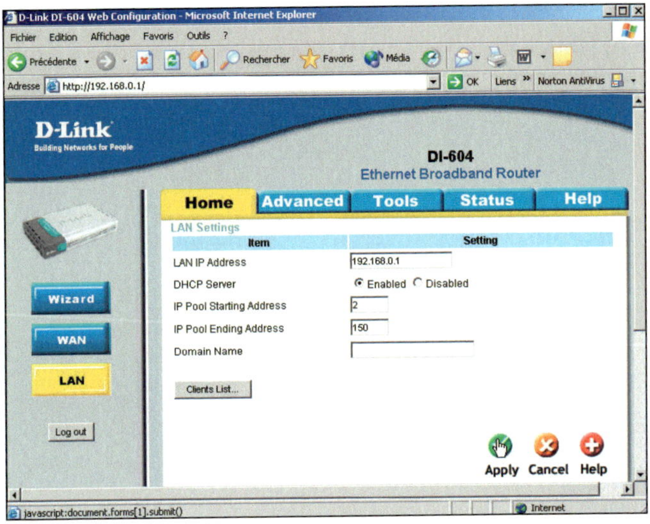

3 Le champ *LAN IP Address* définit l'adresse du routeur par défaut. Il est inutile de la changer. Cochez l'option *DHCP Server*. Le DHCP permet au routeur d'attribuer automatiquement une adresse IP à l'ordinateur connecté.

4 Dans les zones de texte *IP Pool Starting Adress* et *Ending Address*, entrez une plage que le routeur pourra utiliser pour l'attribution des adresses IP. Dans cet exemple, la plage est située entre 2 et 150. Le routeur attribuera donc une adresse IP du type 192.168.0.X, X représentant un nombre compris dans cette plage.

5 Cliquez sur le bouton **Apply**. Le routeur vous propose de redémarrer, acceptez. Le réseau local est configuré.

Vous apprendrez dans les chapitres suivants comment paramétrer le routeur en fonction de votre abonnement Internet.

Sachez que chaque routeur est différent. Cependant, ils fonctionnent tous sur des principes similaires.

Votre matériel est maintenant installé et configuré. Que ce soit par un port Ethernet, USB ou à l'aide d'un routeur, votre connexion à haut débit vous offrira les mêmes performances. Le type d'installation dépend entre autres de vos ambitions et surtout de vos besoins.

Chapitre 3

Le système d'exploitation et l'ADSL

La liaison entre votre ordinateur et l'ADSL passe par le biais d'un **protocole**. Vous allez découvrir ici les différents protocoles afin de mieux comprendre comment votre modem ADSL est mis en œuvre par le système d'exploitation.

Protocole

Un protocole est un langage informatique, dont le vocabulaire est conçu pour effectuer des tâches précises. Les protocoles que vous allez voir ici sont des langages utilisés par le système d'exploitation pour converser avec votre FAI.

Vous apprendrez ensuite à paramétrer votre connexion Internet sous Windows XP avec les différents protocoles. Vous verrez également comment configurer un routeur pour l'utilisation d'une ligne à haut débit.

Connexion RTC ou ADSL : les différences

Vous utilisiez peut-être auparavant une liaison **RTC** pour vous connecter à Internet. Vous serez alors sans doute intéressé de connaître les différences entre votre ancienne liaison et celle que vous êtes en train de mettre en place.

RTC

Le RTC (réseau téléphonique commuté) est tout simplement le réseau téléphonique actuel que vous utilisez pour communiquer avec vos correspondants par la voix. Par extension, ce terme sert à désigner les connexions Internet utilisant un modem classique, se branchant au réseau RTC.

La première différence est l'utilisation d'un protocole : là où un modem RTC se contentait d'un pilote, afin de lui envoyer les quelques commandes nécessaires à la connexion, vous allez ici utiliser un véritable langage. Vous n'allez pas bien sûr apprendre une nouvelle langue : c'est votre système d'exploitation qui l'utilisera. Pour cela, vous devez installer le protocole. La plupart du temps, cette installation est automatisée avec le CD-Rom fourni dans les packs.

Il n'y a pas de numérotation dans le cas d'une connexion ADSL. Lorsque vous vous connectez à Internet avec un modem RTC classique, Windows appelle le serveur distant avec un numéro de téléphone. Le serveur répond, puis vous identifie. La liaison ADSL n'a pas à effectuer cette tâche, car il n'y a pas vraiment de connexion au sens téléphonique, mais une simple utilisation du câble de téléphone via d'autres fréquences électriques que celles qui sont utilisées classiquement.

Lors d'une connexion à Internet via un accès à haut débit, vous êtes directement relié à Internet, un peu à la manière d'un réseau LAN. Windows interroge donc directement le serveur.

Vous remarquerez toutefois un peu plus loin que, lors de l'installation d'une connexion ADSL sous Windows à l'aide d'un modem USB, vous devez donner un numéro de téléphone. Ce numéro n'est pas utilisé lors de la connexion, il n'est inséré que pour Windows, qui n'est pas prévu à l'origine pour gérer des connexions ADSL : en rentrant un numéro factice, vous conservez la possibilité d'utiliser les assistants de mise en place d'une connexion.

Un avantage important : avec l'ADSL, vous pouvez rester connecté 24 heures sur 24. Vous payez un forfait illimité et donc le temps de connexion n'est pas essentiel. Il est ainsi possible de lancer la connexion dès le démarrage de votre système d'exploitation, si vous le désirez.

Suivant le nombre d'abonnés présents sur le réseau, les connexions de type RTC posent un problème : les déconnexions intempestives. Vous êtes plusieurs à vouloir vous connecter sur les serveurs en même temps. Un modem classique a plus de mal à obtenir rapidement une connexion, contrairement à une installation de type ADSL qui est connecté presque instantanément.

Les protocoles utilisés

Les protocoles sont utilisés pour la transmission des données lors d'une connexion à Internet. Il s'agit d'une sorte de langage. Deux ordinateurs qui communiquent entre eux doivent avoir le même langage, sinon ils ne se comprennent pas.

La différence entre chaque protocole ? Il n'y en a pas concrètement, du moins pour l'utilisateur, si ce n'est l'installation qui diffère quelque peu sous Windows. Il en a été tout autrement pour les concepteurs des liaisons ADSL, pour qui chaque protocole a ses avantages et ses inconvénients.

Le protocole PPPoE

E comme Ethernet. C'est le protocole utilisé aujourd'hui la plupart du temps si vous disposez d'un modem Ethernet ou, parfois, USB. Les joueurs préfèrent le protocole PPPoE car il permet des transmissions rapides avec un **temps de réponse** faible. Du point de vue de l'installation, Windows XP dispose en standard des pilotes PPPoE, ce qui est un autre avantage pour l'installateur.

Temps de réponse

Le temps de réponse est la durée (en millisecondes, si tout se passe bien !) qui s'écoule entre l'émission d'une requête sur votre ordinateur (par exemple, lorsque vous demandez l'affichage d'une page) et l'arrivée effective de la réponse en provenance d'Internet (le début du transfert des données). À ne pas confondre avec le temps de transfert qui inclut le temps nécessaire au transfert des données et qui donc se termine à la fin du transfert des données.

Le protocole PPPtP

C'est le premier protocole qui a été utilisé par France Telecom pour l'ADSL. Ce protocole a aujourd'hui presque disparu. Il offrait des performances bien moyennes par rapport au PPPoE. Il a pour avantage d'être extrêmement simple à configurer, aucun paramètre particulier n'étant nécessaire. Pour des raisons de compatibilité future, les clients fonctionnant encore en PPPtP aujourd'hui ont la possibilité de passer en PPPoE. Il leur suffit de contacter l'agence France Telecom la plus proche de leur domicile et les techniciens s'occupent de changer la ligne à distance pour l'utilisation du PPPoE.

Le protocole *PPPoA*

A comme ATM. Il est utilisé pour les connexions ADSL via un modem de type USB. Ce protocole n'est pas utilisé pour les modems Ethernet, il a été conçu spécifiquement pour les modems de type USB. Il est nécessaire d'installer des pilotes fournis avec le modem pour mettre en place ce protocole sur votre ordinateur, qui n'est pas en standard avec Windows XP.

Installer un accès ADSL

Jusqu'à peu de temps, l'installation d'un accès ADSL restait une opération plutôt complexe. Il n'était pas possible d'installer soi-même une liaison, l'intervention d'un technicien France Telecom étant indispensable.

Concernant le protocole de communication entre l'ordinateur hôte et le modem, il existe aujourd'hui trois types d'installations possibles : le PPtP, le PPPoE et le PPPoA. Dans le cas du PPtP et du PPPoE, l'installation physique de votre ligne est identique. La seule différence est la manière dont vous accédez au service. Le PPPoE promet généralement des transferts plus rapides.

Le PPoA est apparu récemment. Vous pouvez l'installer vous-même, sans l'intervention du service technique de France Telecom. Vous n'avez qu'à connecter un modem USB que vous pouvez acquérir dans un pack ADSL.

Installer *l'ADSL en PPPoE*

Avec PPtP comme PPPoE, si vous utilisez une liaison Ethernet, vous devez installer et configurer votre carte réseau. Attention, cette carte réseau est dédiée à l'accès ADSL et ne peut pas servir en même temps à l'accès à un réseau local ! Il vous faut donc deux cartes distinctes dans ce dernier cas.

PPtP est historiquement le premier protocole utilisé pour ce type d'installation. Toutefois, les installations récentes n'utilisant que PPPoE, c'est cette dernière possibilité qui sera détaillée ici. L'installation de l'accès sur l'ordinateur est de toute manière assez similaire, même si des nuances subsistent.

Vous pouvez toujours configurer votre accès automatiquement grâce à un CD-Rom fourni par votre fournisseur d'accès. Si ce n'est pas le cas, vous devez paramétrer vous-même la connexion :

1 Cliquez sur **Démarrer/Panneau de configuration**.

2 Cliquez sur **Connexions réseau et Internet**, puis sur **Connexions réseau** pour afficher les propriétés de vos connexions réseau.

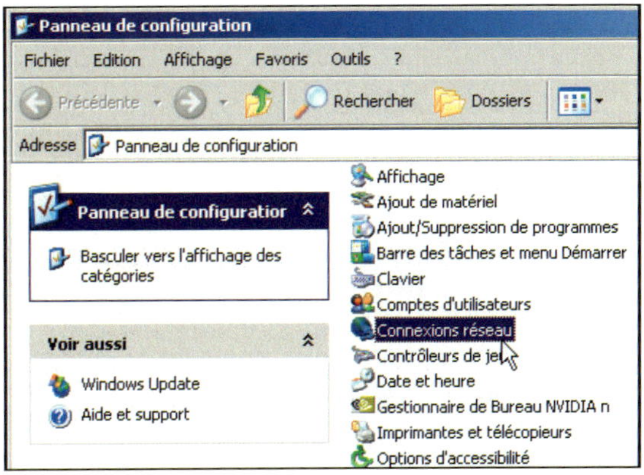

3 Sous la rubrique *Réseau local ou Internet à grande vitesse*, cliquez avec le bouton droit de la souris sur la ligne *Connexion au réseau local* (uniquement si vous avez installé au préalable votre carte réseau). Activez la commande **Propriétés.**

4 Sous l'onglet **Général**, double-cliquez sur la ligne *Protocole Internet (TCP/IP)*. Vous allez configurer l'adressage de votre carte réseau.

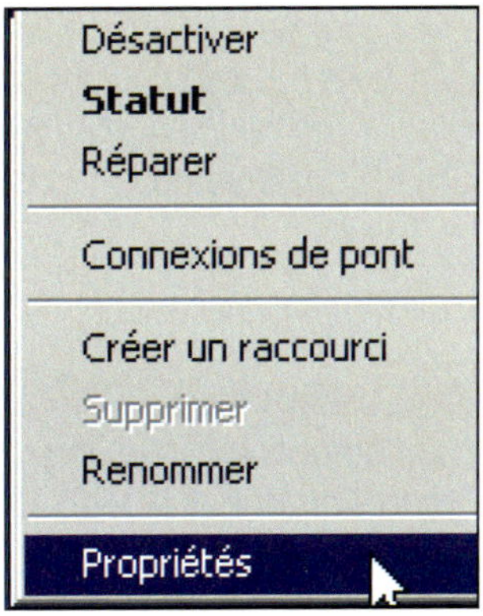

5 Cochez les cases *Obtenir une adresse IP automatiquement* et *Obtenir les adresses des serveurs DNS automatiquement.*

6 Validez par OK, fermez toutes les fenêtres et redémarrez au besoin. ■

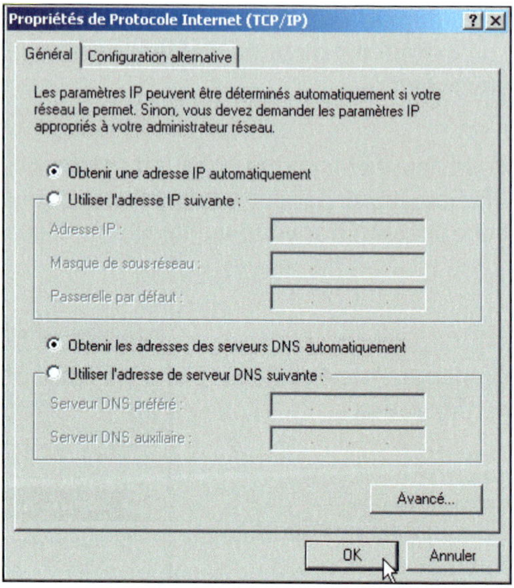

Il vous faut maintenant une nouvelle connexion pour configurer l'accès ADSL proprement dit.

1 Cliquez dans le volet gauche sur le lien *Créer une nouvelle connexion.*

2 La fenêtre de l'assistant de Windows XP s'ouvre. Choisissez *Établir une connexion à Internet.* Cliquez sur **Suivant**.

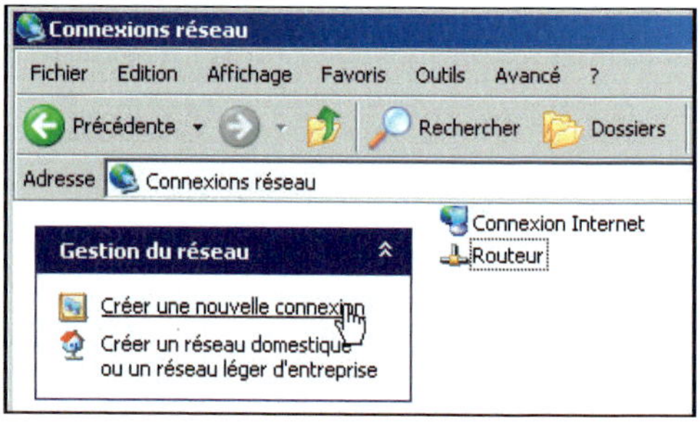

3 Cochez l'option *Configurer ma connexion manuellement* et cliquez sur **Suivant**.

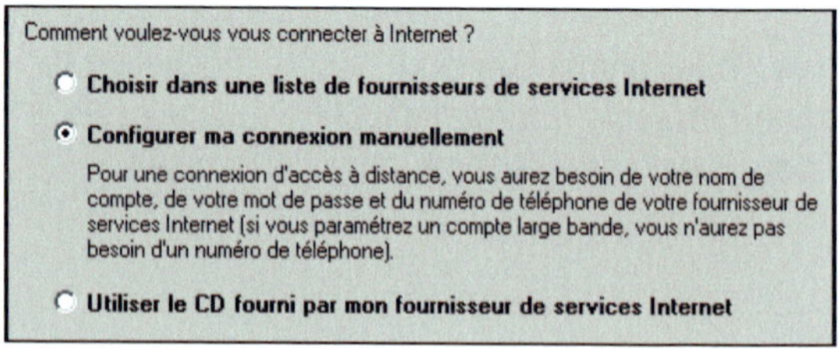

4 Choisissez *Se connecter en utilisant une connexion large bande qui nécessite un nom d'utilisateur et un mot de passe*. Validez en cliquant sur **Suivant**.

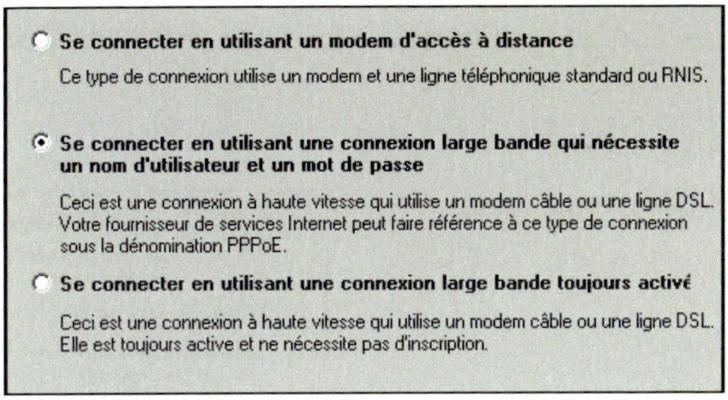

5 Dans la fenêtre suivante, entrez le nom de votre fournisseur d'accès, par exemple `Wanadoo ADSL`. Cliquez sur **Suivant**.

6 Enfin, indiquez votre nom d'utilisateur et votre mot de passe fournis par votre fournisseur d'accès. Cliquez sur **Suivant**. ■

La configuration est terminée.

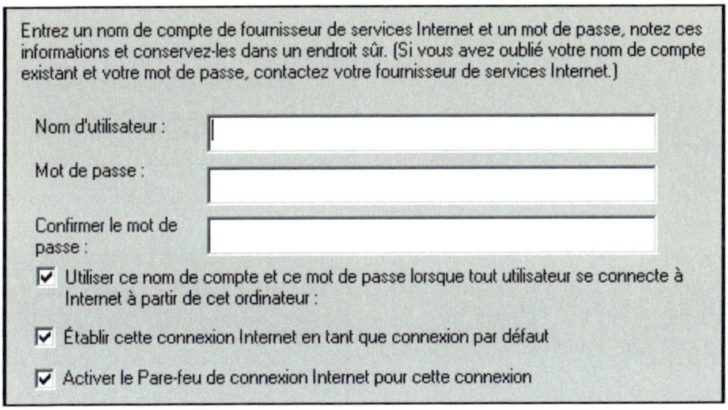

Installer *l'ADSL en PPtP*

L'installation ressemble beaucoup à la précédente. Le réel changement, c'est la façon dont vous vous connectez à Internet. Windows utilise une connexion de type VPN.

1 Cliquez sur le menu **Démarrer/Panneau de configuration**.

2 Cliquez sur **Connexions réseau et Internet**, puis sur **Connexions réseau**.

3 Cliquez sur le lien *Créer une nouvelle connexion*. Cliquez sur **Suivant**.

4 Cochez l'option *Connexion au réseau d'entreprise*. Cliquez sur **Suivant**.

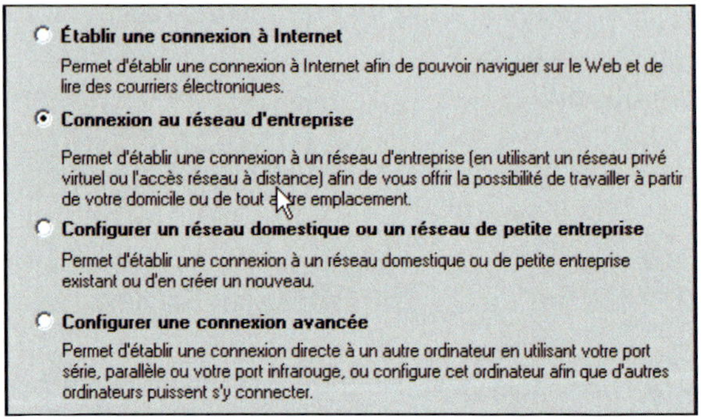

5 Dans la boîte de dialogue suivante, Windows vous demande de quelle manière vous voulez vous connecter. Optez pour *Connexion réseau privé virtuel* (VPN). Cliquez sur **Suivant**.

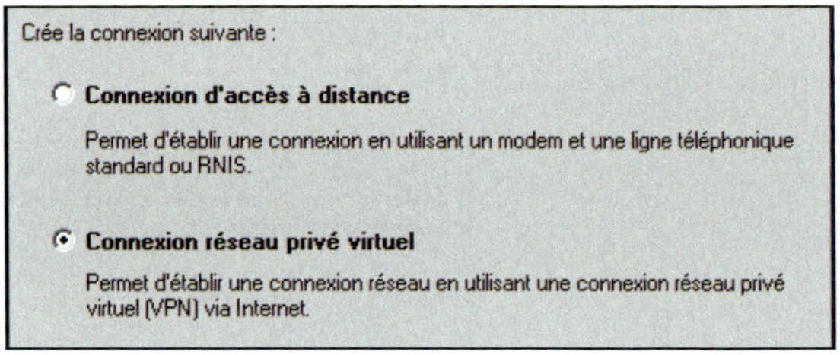

6 Entrez le nom de votre connexion et cliquez sur **Suivant**.

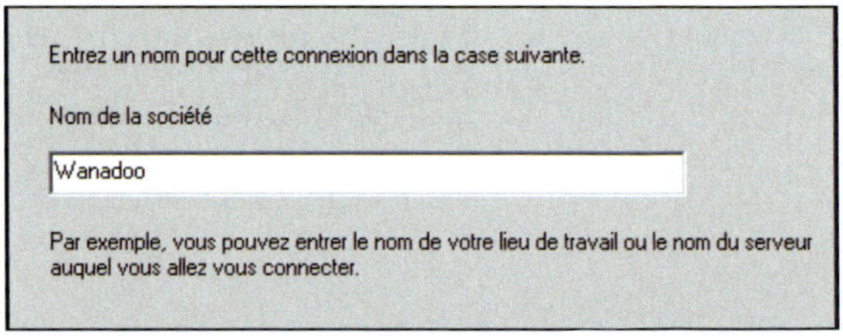

7 Windows vous demande l'adresse IP de l'hôte. Tapez `10.0.0.138`, puis cliquez sur **Suivant**.

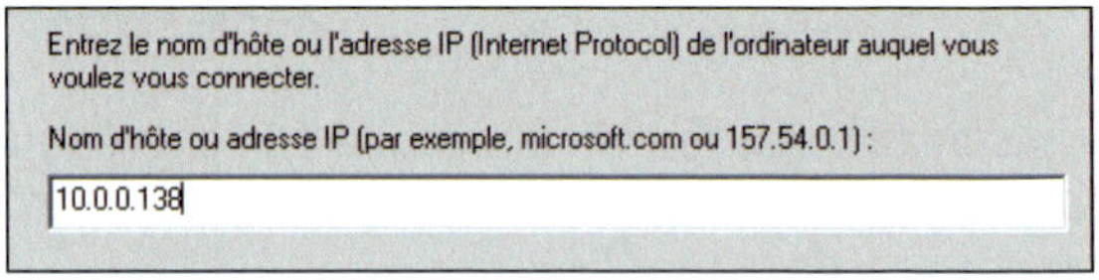

8 Cliquez sur **Terminé**. ■

Installer l'ADSL en PPPoA

Le PPPoA fonctionne différemment. Le modem est de type USB. L'installation est vendue en général sous forme de pack comprenant le modem et le filtre. Vous pouvez trouver des informations à ce sujet à l'agence France Telecom la plus proche de chez vous. Vous avez tout de même besoin de demander à France Telecom d'activer votre ligne pour recevoir le service.

Vous n'avez pas besoin de carte réseau. Le modem USB s'occupe de tout. Il s'agit donc la plupart du temps de la solution la plus économique.

1 Installez votre modem USB (reportez-vous au manuel d'utilisation). Il est livré avec un CD-Rom qui comprend un programme d'installation automatique.

Cette installation est détaillée au chapitre *Installer une ligne ADSL*.

2 Configurez votre connexion. Cliquez sur **Démarrer/Panneau de configuration**. Cliquez sur **Connexions réseau et Internet**, puis sur **Connexions réseau**.

3 Cliquez dans le volet gauche sur *Créer une nouvelle connexion*. Cliquez sur **Suivant**.

4 Choisissez *Établir une connexion à Internet*, puis validez en cliquant sur **Suivant**.

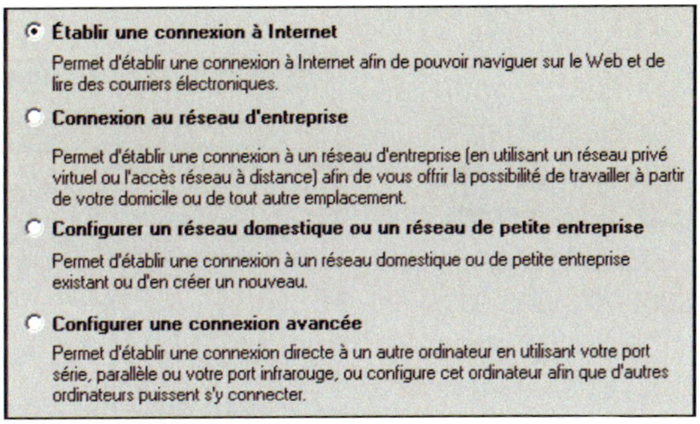

5 Cochez l'option *Configurer ma connexion manuellement* et cliquez sur **Suivant**.

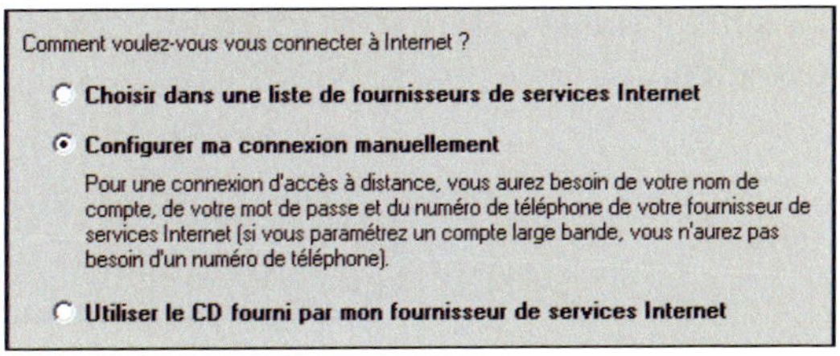

6 Assurez-vous que l'option *Se connecter en utilisant un modem d'accès distance* est sélectionnée, puis cliquez sur **Suivant**.

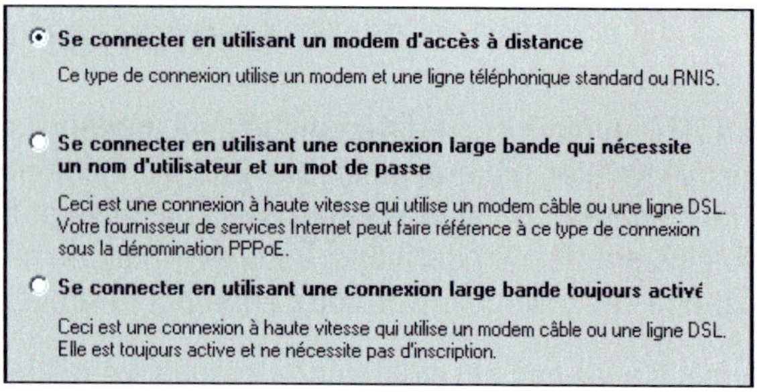

7 Entrez le nom de votre fournisseur d'accès. Cliquez sur **Suivant**.

8 Dans la fenêtre suivante, entrez un numéro de téléphone quelconque (la connexion ADSL ne s'en servira pas). Cliquez sur **Suivant**.

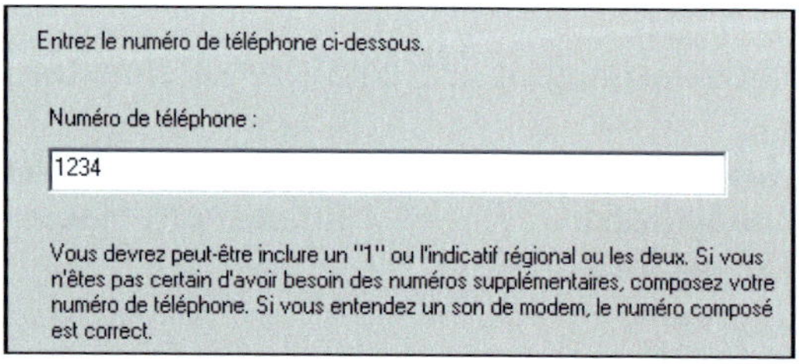

9 Indiquez votre nom d'utilisateur et votre mot de passe pour la connexion. Ces informations vous sont données par votre fournisseur d'accès à Internet.

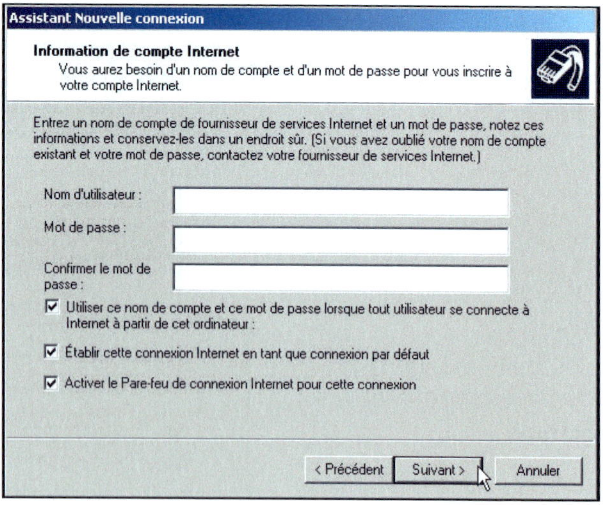

La configuration est terminée.

Configurer *le protocole TCP/IP*

L'accès à Internet passe par différents protocoles. Vous venez de voir les protocoles de type PPP, chargés d'établir la liaison entre votre poste et le FAI via l'ADSL. Pour exploiter Internet et pouvoir naviguer, vous avez besoin d'un autre protocole : le **TCP/IP**.

TCP/IP

Le protocole TCP/IP est le plus utilisé dans le monde entier pour la simple raison qu'il s'agit du protocole conçu par et pour le réseau Internet. IP signifie en effet Internet Protocol. Ce protocole existe depuis le début des années 1970, et est chargé du transport des données (textes, documents, fichiers, images, sons, etc.) sur le réseau.

Ce protocole est installé en standard avec Windows XP. Vous allez juste paramétrer quelques éléments qui peuvent être utiles :

1 Ouvrez le Panneau de configuration et cliquez sur **Connexions réseau et Internet**, puis sur **Connexions réseau**.

2 Cliquez avec le bouton droit de la souris sur l'icône représentant votre connexion, puis sélectionnez **Propriétés**.

3 Sous l'onglet **Gestion de réseau**, sélectionnez *Protocole Internet (TCP/IP)* et cliquez sur le bouton **Propriétés**.

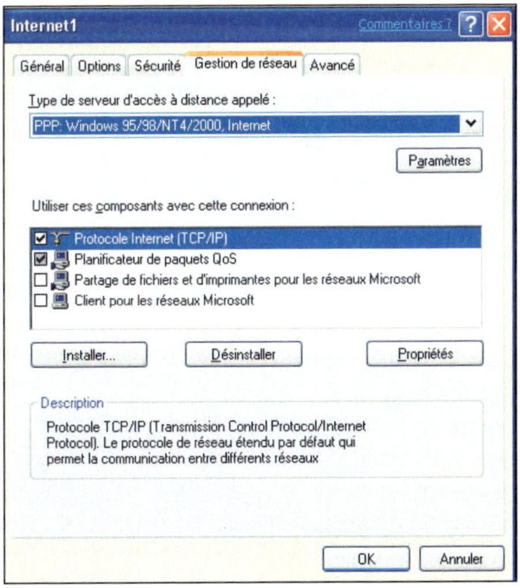

4 Votre FAI possède sûrement deux **serveurs DNS**. Activez l'option *Utiliser l'adresse de serveur DNS suivante*, puis saisissez leurs adresses dans les zones *Serveur DNS préféré* (ou *primaire*) et *Serveur DNS auxiliaire* (ou *secondaire*). Validez en cliquant sur OK. Vous pouvez à présent fermer la fenêtre des propriétés de votre connexion.

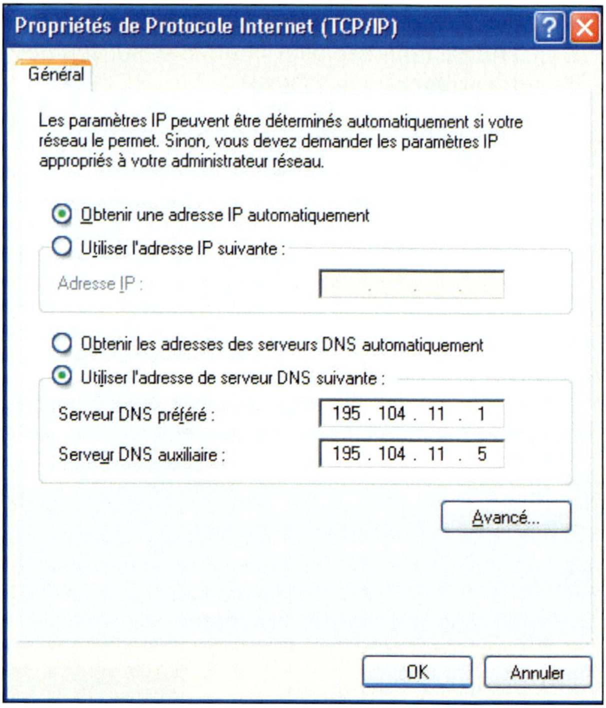

Serveur DNS

Sur Internet, chaque machine est identifiée par son adresse IP. Les serveurs DNS (ou serveurs de nom) servent à traduire des adresses IP en noms plus facilement mémorisables (www.yahoo.fr, par exemple), et inversement.

Par exemple, lorsque vous saisissez l'adresse du serveur Internet de Micro Application (www.microapp.com), vous vous connectez d'abord à un serveur DNS, qui convertit votre adresse saisie en adresse IP. Ainsi, l'adresse IP correspondant à www.microapp.com est en réalité 212.37.212.78.<IMG src="C03-120.tif" largeur="404" hauteur="455" suite="1">

5 Si ce n'est pas fait, vous pouvez également définir ici la **passerelle** à utiliser vers votre FAI. ■

Passerelle

Une passerelle est une simple adresse IP derrière laquelle peut se cacher un routeur ou un ordinateur. Elle sert à accéder à tous les ordinateurs distants.

Lors d'un accès à Internet, l'ordinateur ou le routeur servant de point d'accès vers le prestataire sert de passerelle entre le réseau local et Internet.

Configurer *le proxy*

Dernière étape : la configuration d'accès à un serveur de **proxy**, si votre FAI vous le propose.

Proxy

Un proxy est un serveur permettant de gérer des versions cache de pages fréquemment consultées. Si une page est visualisée par un grand nombre de personnes, une copie de cette page est stockée sur le serveur de proxy directement chez le FAI. Lorsque vous voulez consulter cette page, vous n'avez pas à attendre le temps de téléchargement et l'affichage est accéléré.

1 Lancez Internet Explorer en double-cliquant sur son icône. Lorsque la connexion à Internet est établie, cliquez sur le menu **Outils/Options Internet** du navigateur. Sélectionnez l'onglet **Connexions**.

2 Sélectionnez votre connexion et cliquez sur le bouton **Paramètres**.

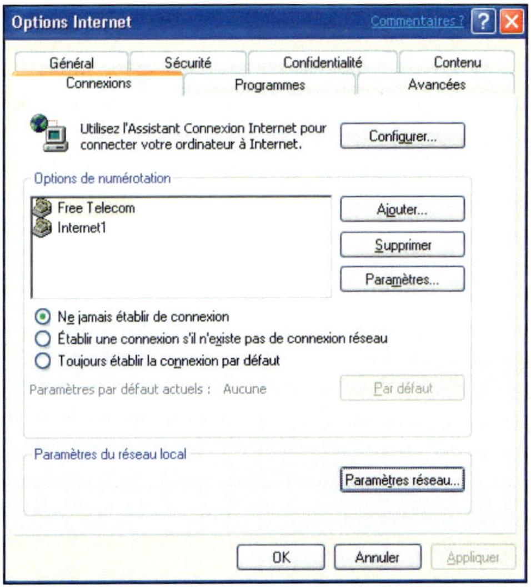

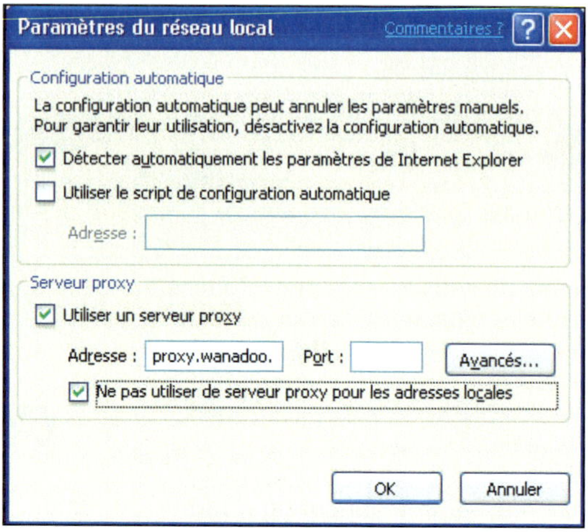

3 Sous la rubrique *Serveur proxy*, cochez la case *Utiliser un serveur proxy*. Dans la zone de texte *Adresse*, saisissez l'adresse du serveur proxy de votre fournisseur d'accès et, dans la zone de texte *Port*, saisissez le numéro de port (en général, 80).

4 Par défaut, le même serveur proxy est utilisé pour les différents protocoles employés sur Internet. Si votre fournisseur possède plusieurs serveurs proxy (HTTP, FTP, etc.), vous pouvez saisir l'adresse et le port de chacun en fonction du protocole : cliquez sur le bouton **Avancé** sous la rubrique *Serveur proxy*.

5 Fermez la fenêtre d'options d'Internet Explorer.

La configuration manuelle est terminée.

Configurer *la connexion avec un routeur*

Vous avez appris au chapitre *Installer une ligne ADSL* à installer un routeur D-Link DI604. Vous allez voir ici comment configurer son accès à Internet.

1 Démarrez Internet Explorer, puis tapez l'adresse `192.168.0.1`.

2 Vous accédez au panneau de configuration du routeur. Cliquez sur le bouton **WAN**.

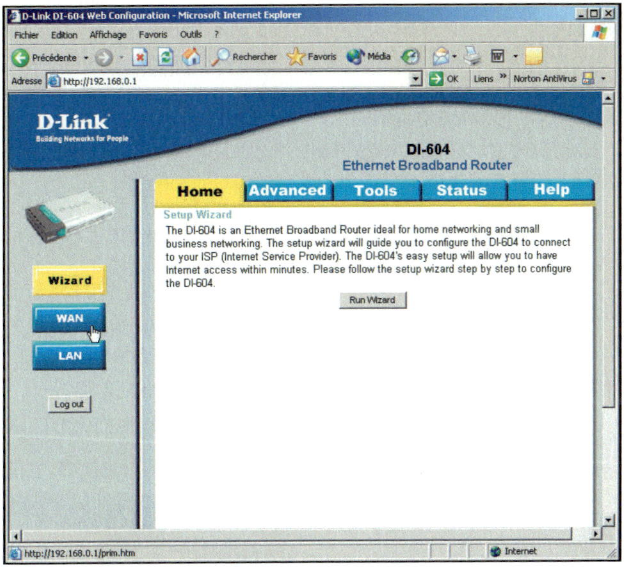

3 Dans le champ *WAN Type*, indiquez votre type de connexion. Cliquez sur le bouton **Change** et sélectionnez le type *PPoE* ou *PPtP*. Cliquez ensuite sur le bouton **Apply**.

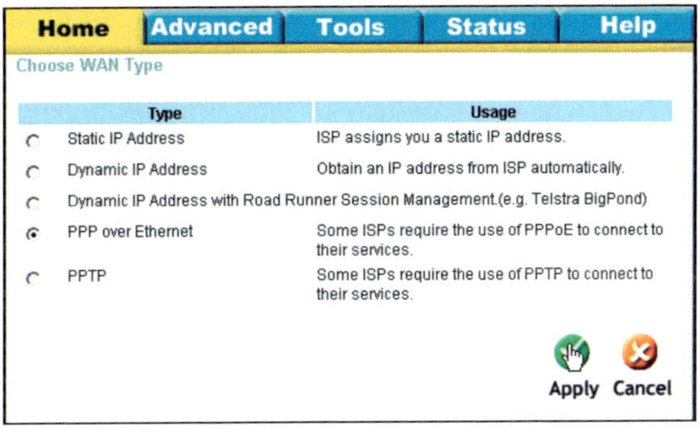

4 Dans le champ *PPP Account*, indiquez votre nom d'utilisateur et, dans *PPPoE Password*, votre mot de passe. Ces informations vous ont été attribuées par votre fournisseur d'accès.

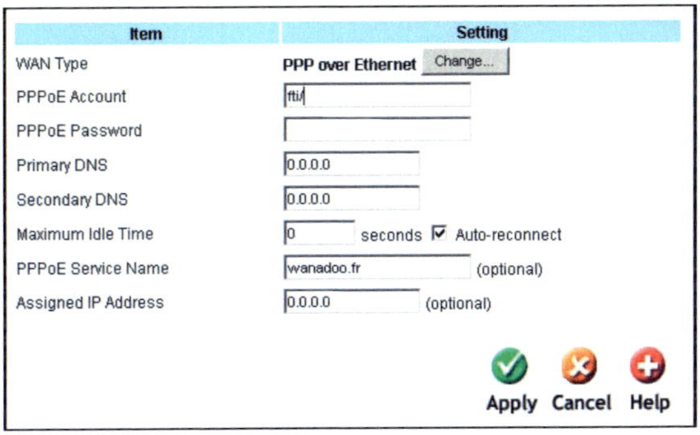

5 Vous pouvez renseigner également l'adresse IP des serveurs DNS primaire et secondaire. Ici également, votre fournisseur d'accès vous donne ces informations.

6 Dans le champ *Maximum idle time*, entrez 0. Cette option indique au routeur de déconnecter la liaison au bout d'un certain temps d'inactivité. Ce chiffre signifie qu'il n'y a pas de temps limité.

7 Cochez l'option *Auto-Reconnect*. Si vous êtes déconnecté, le routeur se charge de rétablir la connexion.

8 Cliquez sur le bouton **Apply** pour enregistrer les paramètres. Le routeur vous demande éventuellement si vous voulez le relancer. Confirmez, puis retournez dans le panneau de configuration du routeur.

9 Cliquez sur l'onglet **Tools** et sur le bouton **Misc**.

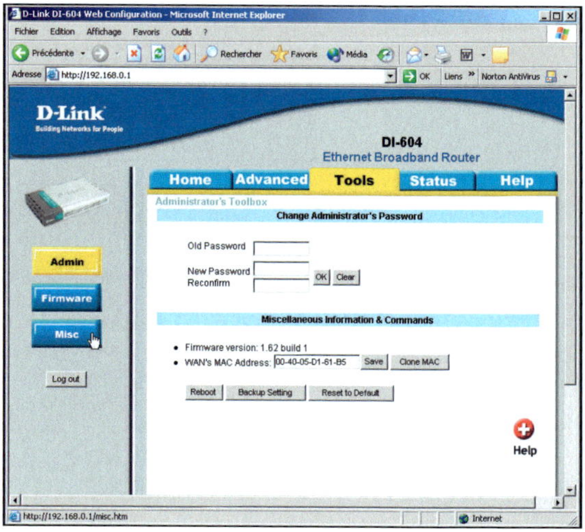

10 Cochez l'option *Discard PING from WAN side*. Cette option empêche les ordinateurs présents sur Internet de détecter votre présence.

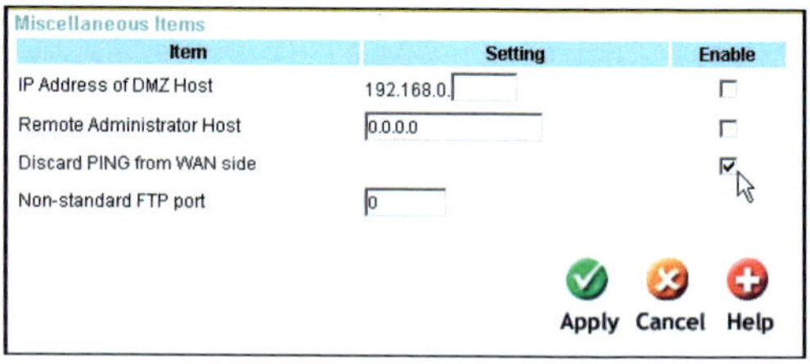

Votre routeur est maintenant configuré. Vous pouvez vérifier si tout fonctionne en allant dans le panneau de configuration du routeur et en cliquant sur l'onglet **Status**. Certaines informations comme votre adresse IP et la durée de connexion du routeur vous sont indiquées.

Quelques astuces de paramétrage

Vous allez découvrir ici quelques manipulations qui vont vous permettre d'optimiser l'utilisation de votre connexion ADSL et la navigation. Elles ne sont pas indispensables pour vos premières connexions, mais il peut être très utile de les connaître !

Optimiser la bande passante

Le système Windows XP s'est réservé 20 % de la bande passante pour Internet. Voici comment les récupérer :

1. Cliquez sur le menu **Démarrer/Exécuter**.

2. Tapez `gpedit.msc`.

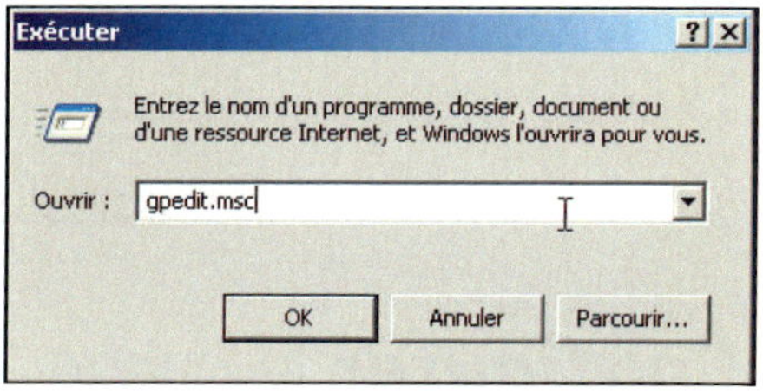

3. Dans la fenêtre qui s'ouvre, cliquez sur *Modèles d'administration*, puis *Réseau* et *Planificateur de paquets QoS*.

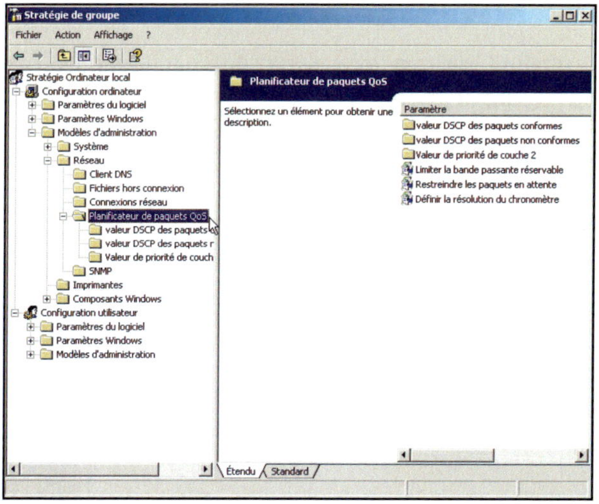

4 À droite de la fenêtre, cliquez avec le bouton droit de la souris sur l'entrée *Limiter la bande passante réservable*. Activez la commande **Propriétés**.

5 Assurez-vous que l'option *Activé* est cochée. Dans le champ *Limite de bande passante*, mettez le compteur à *0*.

6 Validez en cliquant deux fois sur OK. ■

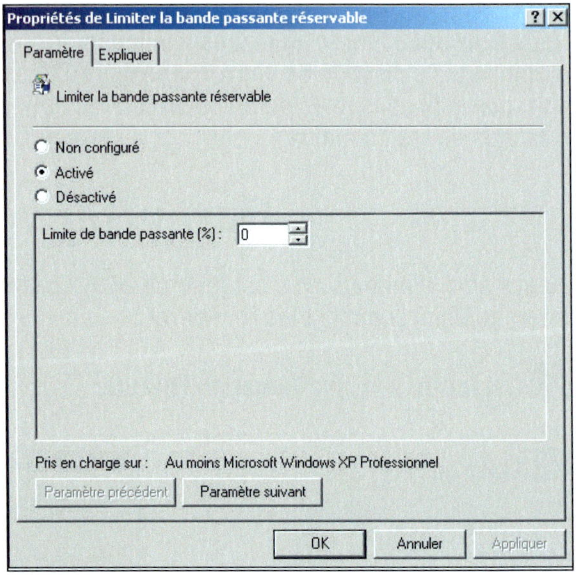

Configurer *le cache*

À chaque fois que vous visitez une page web, son contenu est stocké sur votre disque dur dans un répertoire temporaire. Ces fichiers sont rechargés lorsque vous revenez sur le site. Ce système permet d'accélérer leur ouverture.

1 Lancez Internet Explorer. Cliquez sur le menu **Outils/Options Internet**.

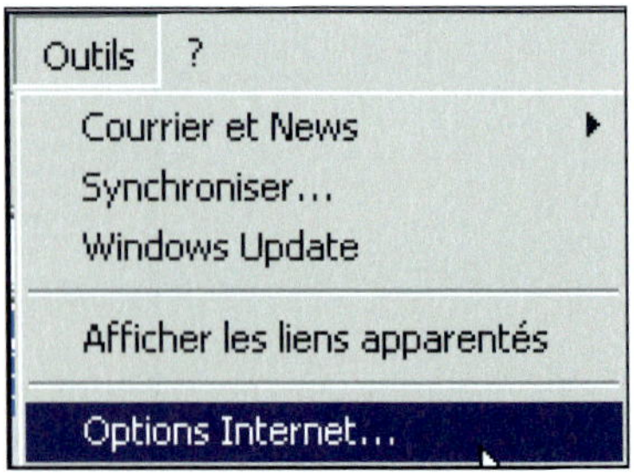

2 Sous l'onglet **Général**, une partie est réservée au paramétrage du cache Internet. Sous la rubrique *Fichiers Internet temporaires*, cliquez sur le bouton **Paramètres**.

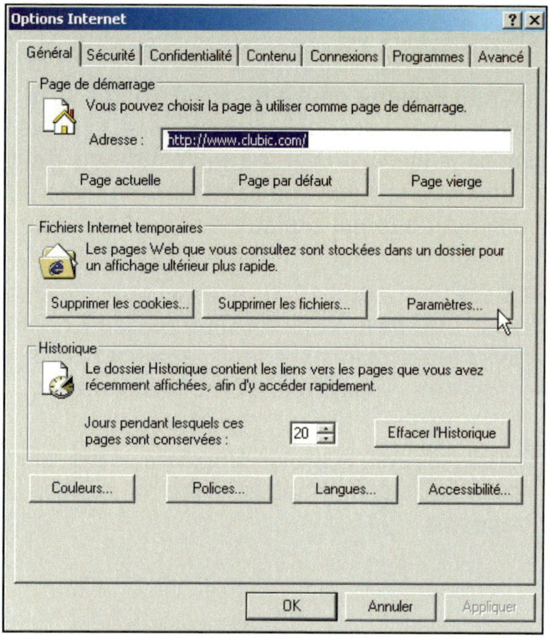

3 Sous la rubrique *Vérifier s'il existe une version plus récente des pages enregistrées*, cochez l'option *Automatiquement*.

4 Choisissez ensuite l'espace disque à utiliser pour le cache en déplaçant la réglette. Plus vous allouez de l'espace, plus les pages s'afficheront rapidement. Choisissez une taille ni trop petite ni trop grande afin de ne pas pénaliser votre espace disque.

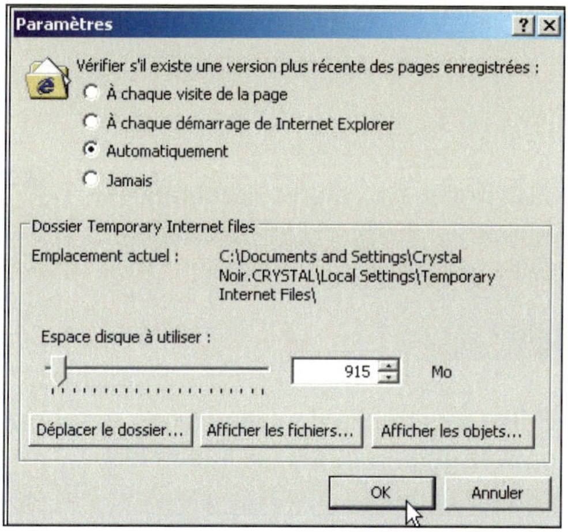

5 Cliquez ensuite sur OK deux fois. ■

Ces manipulations ne coûtent rien et permettent de gagner en rapidité, ce qui n'est pas négligeable.

Accélérer *le lancement d'Internet Explorer*

Internet Explorer peut être parfois long à se lancer. Voici une astuce qui va ravir les inconditionnels de la rapidité. Lorsque vous démarrez le navigateur, une page web est chargée au démarrage. Demandez au programme d'afficher à la place une page blanche. Vous allez même faire mieux : configurer Internet Explorer de manière à ce qu'il ne charge aucune page.

1 Créez un raccourci de votre navigateur Internet Explorer en cliquant avec le bouton droit de la souris sur votre Bureau. Choisissez **Nouveau**, puis **Raccourci**. Pointez le raccourci sur le fichier exécutable d'Internet Explorer. Il se trouve dans le répertoire *C:\Program Files\Internet Explorer*.

2 Cliquez avec le bouton droit de la souris sur le raccourci d'Internet Explorer. Activez la commande **Propriétés**.

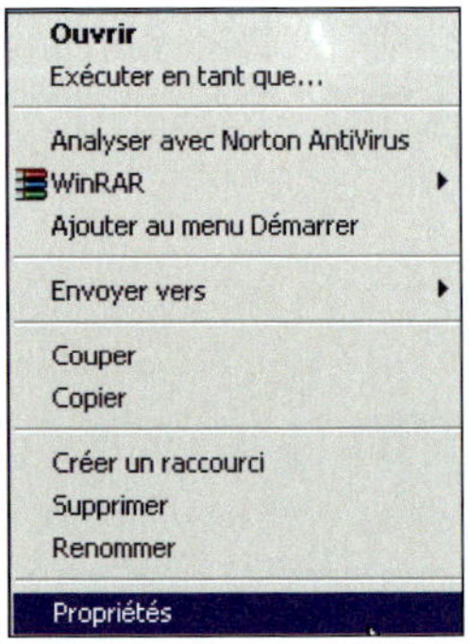

3 Cliquez sur l'onglet **Raccourci**. Ajoutez `-nohome` à la fin du champ *Cible*.

4 Cliquez sur OK. ■

Grâce à cette manipulation, vous pouvez gagner quelques secondes de chargement.

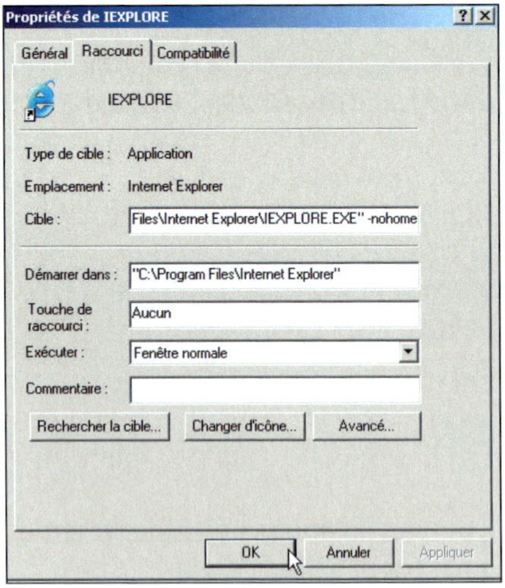

Accéder *à la barre d'adresse facilement*

Si vous êtes du genre à naviguer souvent sur Internet, vous avez peut-être envie de pouvoir vous rendre sur un site rapidement. Vous allez ajouter une barre d'adresse sur votre Bureau, et plus précisément dans votre barre des tâches :

1 Cliquez avec le bouton droit de votre souris sur la barre des tâches.

2 Dans le menu contextuel, choisissez **Barre d'outils**, puis sélectionnez **Adresse**.

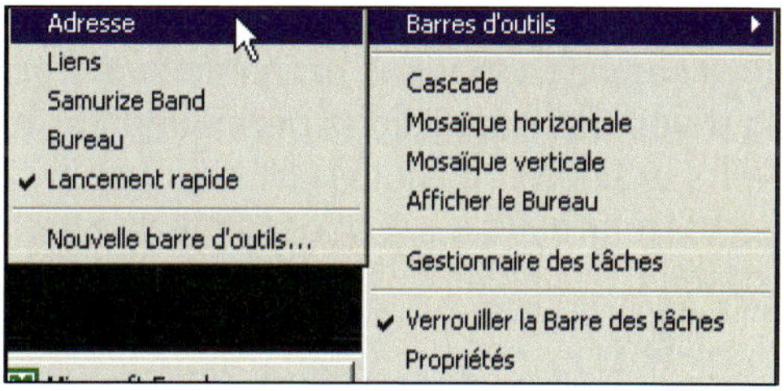

3 La barre d'adresse apparaît. Pour y accéder, cliquez dessus et entrez l'adresse du site de votre choix. ■

Si la barre d'adresse n'apparaît pas, c'est que la barre des tâches est verrouillée. Pour remédier au problème :

1 Cliquez avec le bouton droit de la souris sur votre barre des tâches.

2 Cliquez sur **Verrouiller la Barre des tâches** pour décocher la commande. ■

Vous pouvez maintenant redimensionner à votre guise chaque composant de la barre des tâches (barre d'adresse, de lancement rapide, etc.).

Sécuriser le système face à Internet

Internet est tout sauf un fleuve tranquille, et nombreux sont les pirates qui cherchent à percer la sécurité des ordinateurs connectés pour récupérer des données ou pour détériorer les installations existantes.

Il existe de très nombreuses possibilités pour une personne mal intentionnée d'intervenir sur un ordinateur relié à Internet.

- L'envoi d'e-mails cachant des virus : équipez-vous d'antivirus et mettez-les à jour régulièrement.
- L'exploitation des failles de sécurité de votre système d'exploitation : informez-vous régulièrement des patchs, des mises à jour, etc., qui corrigent les failles les plus connues.
- La détection de systèmes mal configurés : ne reliez jamais un ordinateur à Internet à la légère, sans vous être préoccupé des configurations les plus élémentaires.

Il va sans dire que ces problèmes se trouvent largement amplifiés avec l'arrivée des connexions permanentes : de nombreuses personnes laissent leurs ordinateurs allumés et connectés sans avoir conscience qu'un ordinateur allumé est accessible par tout le monde, et peu donc être attaqué.

Un réseau complètement sécurisé : une utopie ?

Toues les spécialistes réseau le diront : le seul moyen de sécuriser complètement une machine est... de la déconnecter du réseau !

Dès lors qu'il existe un protocole, un port, une application utilisant le réseau entre l'ordinateur à protéger et Internet, il existe un risque, parfois infime mais toujours présent, qu'un pirate remonte la piste et parvienne à s'introduire par un moyen ou un autre dans le système pour lire certaines informations, voire détériorer le système.

Il n'est donc pas possible de parler de sécurité absolue, mais plutôt de diminution des risques jusqu'à un pourcentage suffisamment faible pour être efficace.

Vous trouverez dans la fiche pratique *Utiliser un pare-feu : ZoneAlarm* la marche à suivre pour installer un pare-feu qui vous permettra de sécuriser au maximum votre poste de travail. Reportez-vous également au chapitre *Installer une ligne ADSL*, dans lequel vous avez vu l'installation de Norton Antivirus.

Les enfants *et Internet*

Avant d'envisager un abonnement à un accès Internet, vous vous posez peut-être la question des filtres d'accès. En effet, vous risquez de trouver sur le réseau des réseaux le pire comme le meilleur, et les sites les plus intéressants côtoient des pages que vous souhaitez peut-être éviter : incitation à la violence, sexe, voire pédophilie, racisme…

Windows inclut en standard un mécanisme de filtre permettant d'effectuer un premier tri des sites sur lesquels vous, ou vos enfants, auront le droit d'aller.

Pour configurer ces filtres, procédez de la manière suivante :

1 Ouvrez le Panneau de configuration. Cliquez sur **Connexion réseau et Internet**.

2 Cliquez sur **Options Internet**.

3 Sélectionnez l'onglet **Contenu**.

4 Sous la rubrique *Gestionnaire d'accès*, cliquez sur le bouton **Activer**.

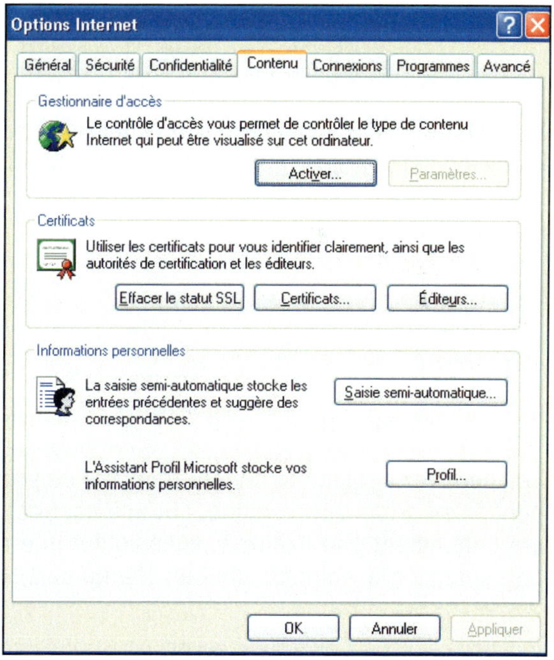

Internet Explorer utilise comme filtre un service fourni par le RSAC (www.rsac.org) qui recense les sites posant problème, et les classe selon diverses catégories :

- *Langue* ;
- *Nudité* ;
- *Sexe* ;
- *Violence*.

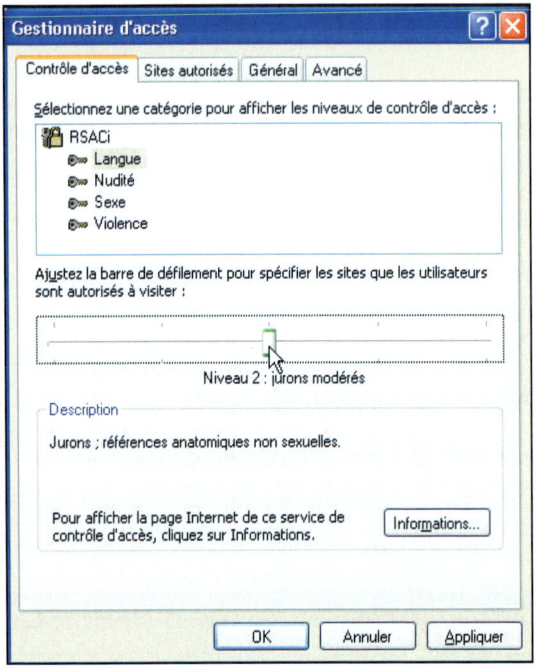

Il est possible de paramétrer chacune des catégories en autant de niveaux, afin de définir le degré de filtration des sites. Par exemple, vous pouvez filtrer tout site évoquant le sexe, mais laisser passer la violence la plus choquante. Sélectionnez les catégories, puis, pour chacune d'entre elles, ajustez la barre de défilement pour définir le niveau de filtre. Plus le niveau est élevé, moins le filtre sera sévère.

Ces filtres sont en général d'une efficacité moyenne. Il est en effet difficile de recenser l'intégralité des sites posant problème parmi les centaines de milliers de pages disponibles sur Internet ! C'est pourquoi vous pouvez filtrer vous-même certains sites dont vous désirez interdire l'accès.

1 Passez sous l'onglet **Sites autorisés**.

2 Pour interdire l'accès à un site Internet, tapez son adresse dans le champ *Autoriser ce site Web*, puis cliquez sur le bouton **Jamais**.

Vous pouvez également donner une liste de sites autorisés. Cette fonction peut être parfois intéressante, car elle est prioritaire sur les filtres définis précédemment. Par exemple, vous voulez interdire l'accès à tous les sites contenant de la violence, sauf un site en particulier. Procédez ainsi :

1 Sous l'onglet **Contrôle d'accès**, paramétrez un niveau minimal dans la catégorie *Violence*.

2 Sous l'onglet **Sites autorisés**, tapez l'adresse du site sur lequel vous voulez conserver un accès libre, puis cliquez sur le bouton **Toujours**. ■

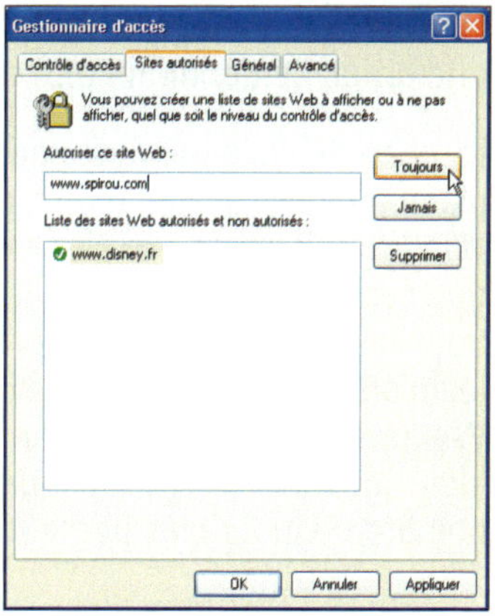

Avant de valider vos filtres, il est également nécessaire de paramétrer leur mode de fonctionnement sous l'onglet **Général**.

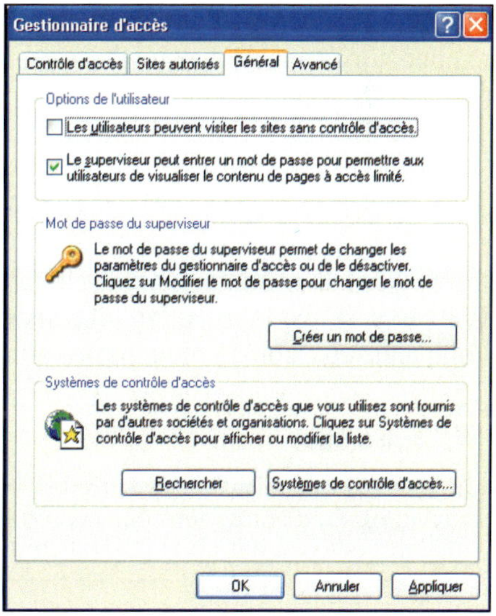

Les options de l'utilisateur permettent de définir comment seront gérées les restrictions lors d'une navigation sur Internet :

- Si vous activez l'option *Les utilisateurs peuvent visiter les sites sans contrôle d'accès*, tous les filtres que vous avez mis en place ne seront pas activés. Toutefois, le paramétrage restera mémorisé et il suffira de décocher cette case pour activer les filtres.
- L'option *Le superviseur peut entrer un mot de passe* provoque une demande de saisie de mot de passe à chaque fois que l'utilisateur cherche à accéder à un site dont l'accès est filtré. Pour définir ce mot de passe, cliquez sur le bouton **Créer un mot de passe**.

Ce mot de passe a également une autre utilité : il permet de restreindre l'accès aux panneaux de configuration des filtres d'accès. En effet, sans ce mot de passe, il serait très facile à un utilisateur désirant accéder à un site interdit de modifier les filtres, en les désactivant par exemple. Il est donc primordial de définir un mot de passe pour que le filtrage soit efficace.

La boîte de dialogue **Systèmes de contrôle d'accès** permet de mettre en place un autre système de filtrage que celui qui est fourni en standard avec Windows. Il existe en effet de nombreux systèmes disponibles gratuitement ou sous forme d'abonnement, ou que vous pouvez trouver dans le commerce. Vous les installez sur votre ordinateur un peu comme un antivirus. Ces logiciels sont souvent plus évolués que le mécanisme de base fourni avec Windows. Ils fonctionnent en particulier sur un système d'analyse de mots-clés : même si un site n'est pas référencé, il est filtré s'il contient un certain nombre de mots-clés permettant d'en déduire son contenu.

Toutefois, ce système par mots-clés, s'il permet de filtrer tous les sites, connus et inconnus, a ses limites : par exemple, si votre fils doit faire un exposé sur l'appareil sexuel de la grenouille, il se verra refuser les accès aux sites traitant du sujet !

Le pare-feu intégré de Windows XP

L'outil idéal de protection contre le piratage réseau est le pare-feu. Windows XP est fourni avec un **pare-feu**, assez élémentaire mais efficace. Vous allez voir comment le mettre en place.

Pare-feu

Un pare-feu ou *firewall* sert à filtrer les flux entrants et sortants de votre ordinateur. En d'autres termes, il contrôle les activités réseau et bloque celles qui sont suspectes. Il est un outil idéal contre le piratage informatique.

Le pare-feu se place entre votre ordinateur et le danger, donc Internet. Son rôle principal est de contrôler toutes les communications qui le traversent en examinant la source et la destination. Par exemple, pour consulter vos e-mails, vous demandez aux serveurs de votre fournisseur d'accès de vous les envoyer. Le pare-feu analyse votre requête. Lorsque le serveur de votre fournisseur d'accès répond en vous donnant la liste de vos messages, le pare-feu l'identifie et vérifie que cette réponse correspond bien à l'une de vos demandes. Dans le cas présent, c'est vous qui avez demandé vos e-mails, le pare-feu l'a noté dans une table et donc autorise le serveur à vous donner la liste de vos messages.

Le pare-feu élimine toute source de communications étrangères. Elles sont rejetées immédiatement et de façon transparente. Les pirates par exemple peuvent tenter d'interroger votre PC pour avoir des informations. Lorsque le pare-feu détecte l'intrusion, il constate que la communication établie ne correspond pas à l'une de vos requêtes et bloque alors l'accès.

Le pare-feu de Windows XP fonctionne ainsi. Il est assez simple et permet de bénéficier d'une bonne protection pour commencer. Cependant les plus expérimentés préféreront un pare-feu plus puissant. En effet, d'autres pare-feu permettent une configuration plus approfondie, ce qui peut être pratique pour des personnes qui utilisent plusieurs services, un serveur web par exemple. Vous allez apprendre ici à activer et à configurer le pare-feu intégré à Windows XP.

Dans un premier temps, activez le pare-feu :

1 Cliquez sur le menu **Démarrer**, puis choisissez **Panneau de configuration**.

2 Cliquez sur **Connexions réseau et Internet**, puis sur **Connexions réseau**.

3 Cliquez avec le bouton droit de la souris sur votre connexion Internet et sélectionnez la commande **Propriétés**.

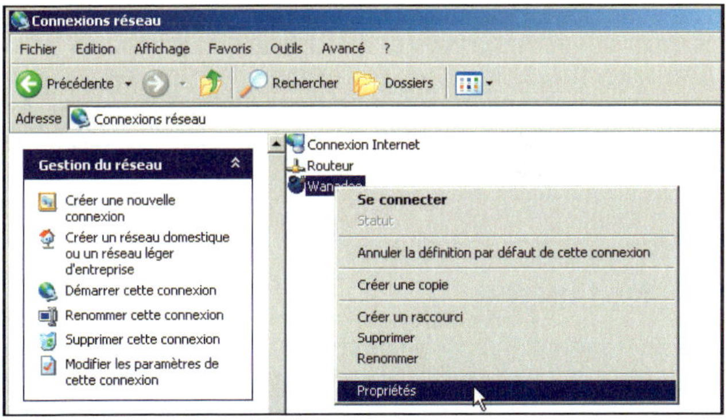

4 Dans la fenêtre des propriétés de votre connexion Internet, cliquez sur l'onglet **Avancé**.

5 Cochez l'option *Protéger mon ordinateur et le réseau en limitant ou interdisant l'accès à cet ordinateur à partir d'Internet*. Cliquez sur OK. ■

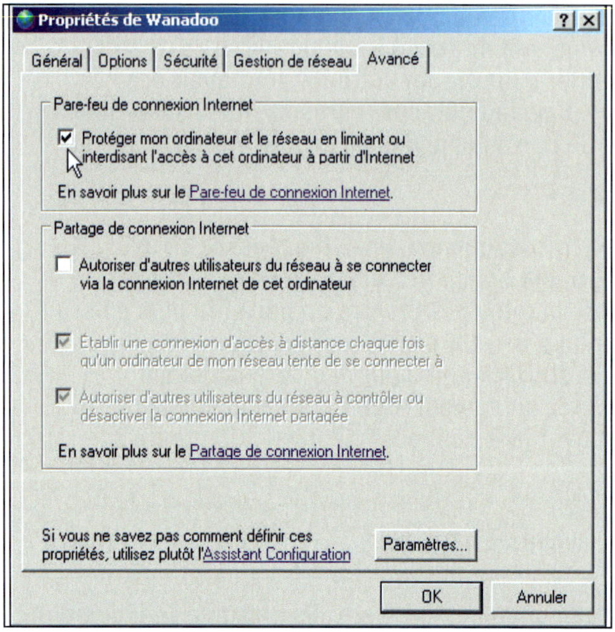

Le pare-feu est activé, mais pas encore configuré.

L'objectif est de paramétrer les connexions autorisées. Vous devez par exemple autoriser les connexions sur un serveur e-mail pour pouvoir lire votre courrier. De ce fait, toutes les connexions non autorisées sont automatiquement rejetées par le pare-feu.

Jeux et pare-feu

Attention, certaines applications, en particulier les jeux, risquent de ne pas fonctionner correctement si un pare-feu de connexion Internet est installé. Consultez les informations et le support technique de l'éditeur de votre jeu. Généralement il donne la solution pour faire fonctionner le produit. Lorsqu'il s'agit de jouer en réseau, les jeux utilisent des ports de communication. Il suffit d'ouvrir le port utilisé par le jeu.

Port réseau

Les ports peuvent être considérés comme des portes. Un port peut être fermé ou ouvert. Si un port utilisé par une application est fermé, celle-ci ne peut pas fonctionner.

Vous allez configurer le pare-feu de Windows XP de manière à vous protéger, sans empêcher vos applications de fonctionner.

1 Cliquez sur le menu **Démarrer/Panneau de configuration**.

2 Cliquez sur **Connexions réseau et Internet**, puis sur **Connexions réseau**. Cliquez avec le bouton droit de la souris sur votre connexion Internet. Dans le menu contextuel qui s'affiche, choisissez **Propriétés**.

3 Cliquez sur l'onglet **Paramètres avancés**. Vous avez déjà activé le pare-feu. Cliquez sur le bouton **Paramètres**.

La première fenêtre indique les différents services disponibles. En activant un service, vous autorisez son utilisation sur votre réseau.

- *Bureau à distance* : ce service permet à un ordinateur distant de se connecter sur le vôtre afin de le contrôler. Bien sûr, cette option doit être décochée.
- *Les protocoles IMAP* : ils sont utilisés pour les newsgroups par exemple. Il s'agit d'un compte e-mail public. Chaque utilisateur peut poster un message en se connectant sur le serveur. Ce service est utilisé pour les ordinateurs hébergeant un serveur de ce type.
- *Serveur de messagerie Internet (SMTP)* : c'est ce service qui vous permet d'envoyer un courrier électronique.
- *Serveur FTP* : ce service permet d'héberger sur votre ordinateur un serveur FTP. Ces serveurs permettent le plus souvent l'échange de documents. Ce service peut être dangereux s'il est mal utilisé.

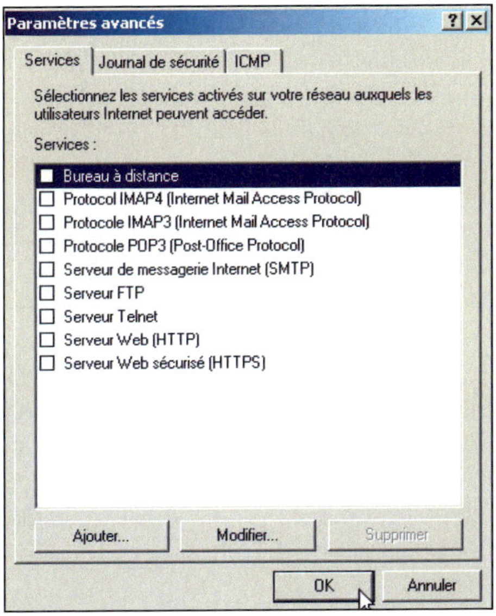

- *Serveur Telnet* : ici encore, il vaut mieux que ce service soit désactivé. Il permet des communications distantes. Les services Telnet sont très utilisés pour le piratage.
- *Serveur Web* : ce service vous permet de surfer sur le Net.

4 Si votre ordinateur sert principalement à naviguer sur le Net, il est conseillé de désactiver tous les services. En effet, vous pouvez les utiliser sur votre ordinateur (rien ne vous empêchera de recevoir et d'envoyer vos e-mails si vous désactivez le service POP3 par exemple), seulement il est préférable d'empêcher qu'un inconnu se serve de ces services. Vous pourriez avoir des surprises avec le temps. Décochez donc toutes les cases.

Si vous voulez monter un serveur WEB, cochez les services Http, pour permettre aux internautes d'accéder au site que votre ordinateur héberge.

5 Cliquez sur l'onglet **Journal de sécurité**. Vous pouvez demander ici à Windows d'enregistrer tous les flux entrants et sortants. C'est une option pratique pour les personnes expérimentées qui veulent analyser les paquets. Si un intrus tente de se connecter sur votre ordinateur, le pare-feu l'en empêchera et enregistrera la tentative dans un journal. Vous pouvez aussi délimiter la taille maximale du fichier engendré par le pare-feu. Par défaut, le fichier se trouve dans le répertoire *C:\Windows* et se nomme *pfirewall.log*.

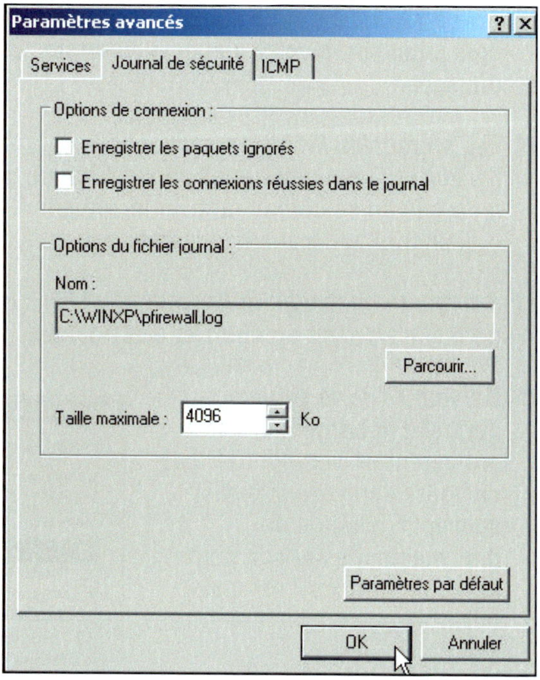

6 Cliquez sur l'onglet **ICMP**. Ici, vous pouvez désactiver ou activer certaines requêtes comme le Ping. Si vous êtes néophyte, il est conseillé de tout décocher. Le Ping sert par exemple à savoir si un ordinateur est connecté à Internet. L'utilisateur fait une requête à l'ordinateur, si celui-ci répond c'est qu'il est présent sur le réseau. Le fait d'interdire ce genre de manipulation vous donne une meilleure protection. ■

Chapitre 4

Utiliser Internet avec l'ADSL

Votre ligne ADSL est maintenant installée, opérationnelle et optimisée. Il est temps de l'utiliser. Vous allez voir dans ce chapitre les principaux outils vous permettant d'exploiter votre liaison Internet. Les internautes débutants trouveront des détails sur l'utilisation de l'outil principal, Internet Explorer. Les plus aguerris découvriront des astuces d'utilisation, en particulier concernant le téléchargement de données.

La navigation sur Internet

Le terme « surf » est souvent employé pour la consultation d'informations sur Internet. La métaphore est judicieuse puisque, selon l'information recherchée, vous passez de site en site (souvent distants de plusieurs milliers de kilomètres), comme vous surfez sur les vagues.

Utiliser Internet Explorer

Internet Explorer est le **navigateur** Internet de Windows.

Navigateur

Un navigateur est un logiciel rassemblant la plupart des outils pour se connecter aux différents services disponibles sur Internet. La principale utilisation d'Internet est la consultation de sites web.

Accessible par une adresse, le site se compose de diverses pages contenant des textes, des images, des sons... Le navigateur permet de passer d'un site à l'autre, d'où l'expression « naviguer ou surfer sur le Web ».

Vous allez découvrir ici quelques composants et options d'Internet Explorer.

Version d'Internet Explorer

Windows XP est fourni avec la version 6 d'Internet Explorer, contrairement aux versions précédentes (Windows Me, Windows 2000) qui fournissent la version 5.0 ou 5.5.

Saisir une adresse Internet

Chaque site est accessible par le biais de son adresse Internet, ou **URL**, qui doit être saisie dans la barre d'adresse du navigateur.

URL

Chaque site Internet est désigné par une URL (Unified Resource Link) qui permet aux utilisateurs d'Internet d'accéder simplement à des machines disséminées dans le monde entier.

Les adresses Internet ont souvent une syntaxe commune : www.nomdusite.pays.

Chaque adresse est représentée par :

- un préfixe, la plupart du temps www ;
- le nom du site (Yahoo, Google, Wanadoo…) ;
- un suffixe, ou extension, qui désigne le type du site (.com pour les sites commerciaux, .net pour les sites parlant de réseau…).

Il existe aussi des extensions par pays, par exemple .fr pour la France.

La barre d'adresse est la zone de saisie dans laquelle une adresse doit être

indiquée. Cliquez ensuite sur le bouton OK ou appuyez sur la touche Entrée du clavier. Internet Explorer ouvre alors le site concerné.

Les liens hypertextes sont la base et le fondement de la navigation sur Internet. Un lien est représenté par un texte ou une image. Lorsque vous cliquez dessus, une autre page contenant des informations s'affiche.

Un lien est facilement identifiable : quand il est survolé, la forme du curseur change et prend la forme d'une main.

Cliquez alors une fois sur le lien pour accéder à l'information correspondante.

Le chargement d'une page n'est pas immédiat : il est nécessaire d'attendre le temps de transfert sur le réseau, même si ce temps est considérablement réduit par l'ADSL !

Pour vérifier l'état d'un transfert, vous pouvez consulter la barre d'état, située en bas de la fenêtre. Elle contient plusieurs informations :

- l'état d'avancement du chargement d'une page ;
- le descriptif d'un lien de la page courante ;
- les éléments en cours de chargement ;
- le type de site, Internet, intranet…

La barre de titre

La barre de titre d'Internet Explorer présente le titre d'un site. Chaque site contient en effet un intitulé, ce qui est bien pratique lorsque plusieurs fenêtres sont ouvertes simultanément !

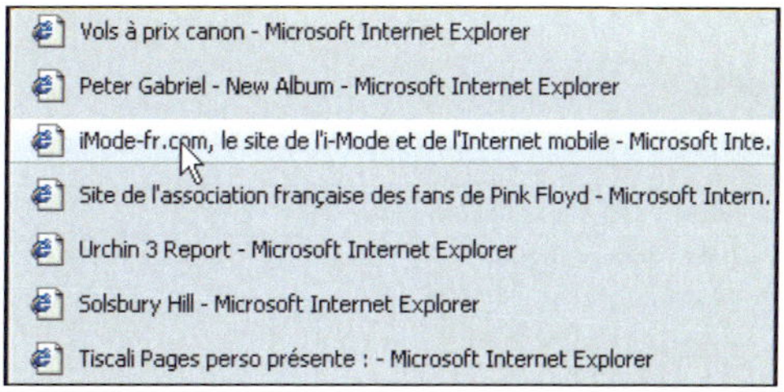

Les moteurs de recherche

Internet est composé de centaines de milliers de sites et de millions de pages web. Afin de faciliter la recherche, certains sites sont spécialisés dans la classification des sites Internet. Cela permet de rechercher tout type d'information par mots-clés ou par rubriques.

Il est important de savoir que les pages Internet en français ne représentent qu'un très faible pourcentage de l'ensemble. Ainsi, si vous utilisez exclusivement des moteurs de recherche français, vous trouverez des sites correspondants. Sachez cependant que la plus grande partie de l'information disponible sur le Web est diffusée en anglais.

Les moteurs de recherche forment deux grandes familles :

- les annuaires, plutôt dédiés à la recherche par rubriques ;
- les moteurs, la recherche s'effectuant à l'aide d'un ou de plusieurs mots-clés.

Certains moteurs ou annuaires sont généralistes (ils vous permettent de trouver à peu près tout) et d'autres sont spécialisés dans un domaine particulier.

La liste suivante vous propose quelques moteurs de recherche francophones.

Moteurs de recherche francophones

Nom	Adresse Internet
AltaVista France	http://fr.altavista.com
Google français	www.google.fr
Hotbot France	www.hotbot.lycos.fr/
Kartoo	www.kartoo.com
Lycos	www.lycos.fr
Voila	www.voila.fr/

Les annuaires permettent d'effectuer des recherches sur des thèmes précis. La liste suivante n'est pas exhaustive, mais elle peut vous permettre de faire plus ample connaissance avec les annuaires du Web.

Quelques annuaires du Web	
Nom	**Adresse Internet**
Guide francophone	www.agor.com/guide/lgf.htm
Liens utiles pour tous	www.liensutiles.org/
Nomade	www.nomade.tiscali.fr/
Page France	www.pagefrance.com/
Surfrance.com	www.surfrance.com/
Ou surfer?com	www.web-selection.net/
WebOrama.fr	www.weborama.fr/
Yahoo	www.yahoo.fr

Recenser ses liens préférés

Afin d'éviter la recherche répétitive des adresses de vos sites préférés, il vous est possible de les enregistrer dans un dossier spécial, appelé *Mes favoris*. Le menu correspondant propose les commandes d'ajout, d'organisation et de consultation des favoris.

Les commandes du menu Favoris d'Internet Explorer	
Commande	**Description**
Ajouter aux favoris	Ajoute l'adresse de la page en cours de consultation dans les favoris
Organiser les favoris	Permet de créer des sous-dossiers et de déplacer ou de supprimer des favoris
Liens	Ouvre un dossier contenant des liens
Média	Ouvre un dossier contenant les liens et un assistant de connexion à une radio web

Pour ajouter un site à vos favoris, procédez comme suit :

1. Dans Internet Explorer, placez-vous sur le site à enregistrer.

2. Dans le menu **Favoris**, sélectionnez **Ajouter aux Favoris**.

3. Par défaut, votre favori prend le titre de la page. Modifiez-le dans le champ *Nom*.

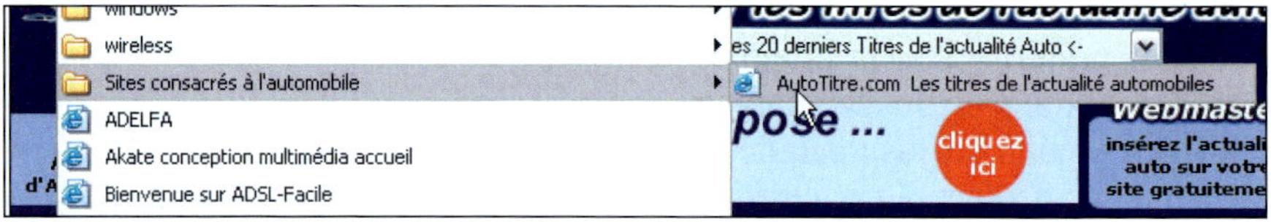

4. Pour classer vos favoris par dossiers, cliquez sur **Nouveau dossier** et saisissez le nom d'un dossier à créer. Le nouveau dossier apparaît dans la fenêtre. Sélectionnez-le pour que le favori en cours de création se place à l'intérieur.

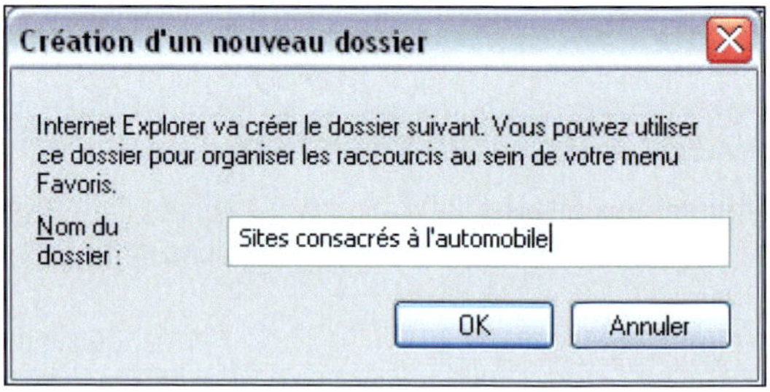

5. Cliquez sur OK pour créer le nouveau favori. Il apparaît dans le menu **Favoris**. ■

Les outils de navigation

Pour naviguer sur Internet, vous ne disposez pas que d'adresses de site. Internet Explorer met à votre disposition diverses icônes qui vous seront particulièrement utiles pour revenir en arrière, arrêter l'affichage d'une page, revenir à la page principale...

Ces outils sont rassemblés sur la barre horizontale située en dessous du menu d'Internet Explorer.

Les commandes de la barre d'outils d'Internet Explorer

Icône	Commande
	Le bouton **Précédent** permet d'afficher la page précédente. La petite flèche permet d'ouvrir la liste des pages visitées précédemment lors de cette session. Le bouton **Suivant** propose les mêmes commandes.
	Le bouton **Stop** permet d'annuler le chargement d'une page.
	Le bouton **Actualiser** permet de recharger la page en cours.
	Le bouton **Page de démarrage** vous permet d'accéder directement à votre page de démarrage (page sur laquelle Internet Explorer s'ouvre) sans avoir à passer par le bouton **Précédent**.
	Ouvre le volet d'exploration **Rechercher**, pour permettre une recherche sur le Web depuis un moteur de recherche.
	Ouvre le volet de navigation contenant les favoris.
	Lance l'interface d'accès aux médias (radios, Web TV...).
	Ouvre l'historique de navigation.
	Ce bouton permet de consulter le courrier et les news, en ouvrant les programmes associés (par défaut, Outlook Express).
	Bouton d'impression, pour la page active.
	Édition de la page web en cours, avec Word s'il est installé, ou un autre éditeur (Bloc-notes, FrontPage...).

Les menus d'Internet Explorer

Le menu **Fichier** permet, sous Internet Explorer, d'ouvrir et d'enregistrer des pages Internet, mais également d'accéder aux autres applications Internet : Microsoft Outlook Express, Netmeeting, etc.

- **Fenêtre** : permet d'ouvrir une nouvelle fenêtre Internet Explorer, en affichant à nouveau la page Internet en cours.
- **Ouvrir** : permet d'ouvrir une page web en saisissant son adresse, que ce soit une adresse sur le disque dur (chemin complet) ou une adresse Internet.
- **Enregistrer sous** : enregistre la page active sur le disque dur par le biais d'une boîte de dialogue, permettant de spécifier le nom et l'emplacement du fichier.
- **Imprimer** : permet d'imprimer la page active.
- **Travailler hors connexion** : déconnecte le modem, ce qui permet de consulter la page active sans utiliser la ligne téléphonique.

Comme dans toutes les fenêtres Windows, le menu **Edition** permet de sélectionner, de copier ou de coller des éléments dans la page.

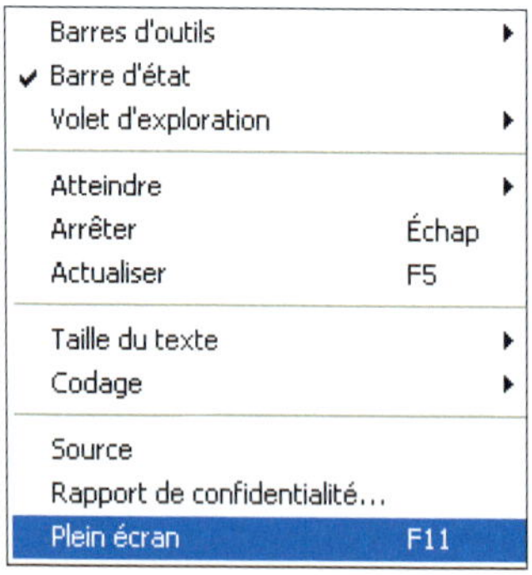

Par le menu **Affichage**, vous pouvez personnaliser Internet Explorer, en choisissant les éléments à afficher (barre d'outils, volets de navigation), en spécifiant la page à afficher (commandes **Précédente**, **Suivante**) et en spécifiant la taille et la langue des polices de caractères à utiliser dans le navigateur.

La barre des liens

La barre des liens vous propose des accès rapides à certains sites sélectionnés par Microsoft.

Les liens proposés sont affichés dans le dossier *Liens des favoris*. Ainsi, avec la commande **Favoris/Organiser les Favoris**, vous pouvez placer vos propres liens dans cette barre.

Configurer Internet Explorer

Internet Explorer, comme tous les programmes livrés avec Windows XP, fonctionne très bien en standard. Cependant, il est possible de le personnaliser en fonction de vos besoins et exigences.

La fenêtre de paramétrage est accessible depuis le menu **Outils/Options Internet** de la fenêtre principale d'Internet Explorer. Cette fenêtre est composée de plusieurs onglets.

L'onglet Général

À partir de cet onglet, il est possible de définir un certain nombre d'éléments.

- L'adresse de la page de démarrage d'Internet Explorer : il s'agit de la page que le navigateur charge à chaque connexion ou lorsque vous cliquez sur l'icône *Démarrage* de la barre d'outils.
- La gestion des cookies et des fichiers temporaires : les cookies sont des petits fichiers, permettant à certains sites de vous identifier lors de votre passage et d'afficher des informations vous concernant. Les fichiers temporaires vous permettent de consulter des pages Internet en mode déconnecté. Ainsi, toutes les pages visitées sont enregistrées dans un dossier spécial de votre ordinateur. Il est possible de paramétrer la place allouée sur le disque pour ce type de fichier. Ces fichiers permettent également, d'afficher une page plus rapidement, puisqu'une grande partie des informations qu'elle contient est déjà stockée sur le disque.

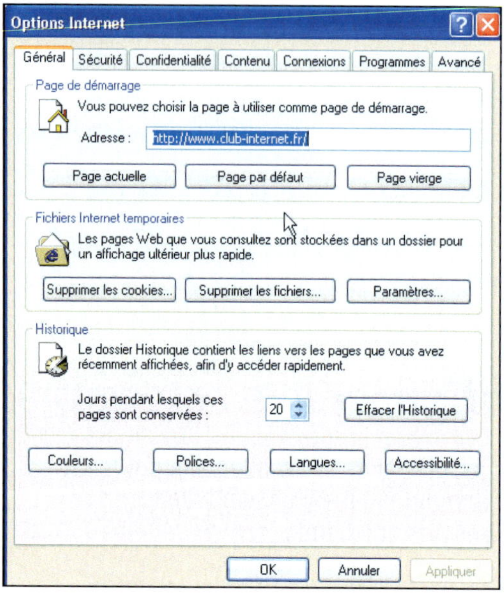

- La gestion de l'historique : vous pouvez fixer le nombre de jours pendant lesquels l'historique garde en mémoire les pages visitées.

L'onglet Sécurité

Cet onglet permet de paramétrer la vigilance que doit avoir le système en fonction du type de site visité. Ces paramètres sont les suivants :

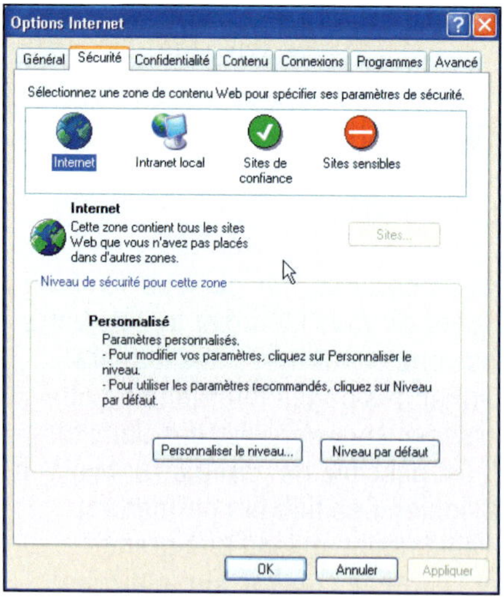

- *Internet* ;
- *Intranet local* ;
- *Sites de confiance* ;
- *Sites sensibles*.

Pour chaque catégorie, il vous est possible de définir quelles sont les actions autorisées ou interdites, et de restreindre ou de verrouiller complètement votre ordinateur.

L'onglet Confidentialité

Cet onglet permet de configurer les sites classifiés dans la zone *Internet* de votre navigateur (par défaut, tous), et d'affiner la possibilité pour ces derniers de stocker des cookies sur votre ordinateur.

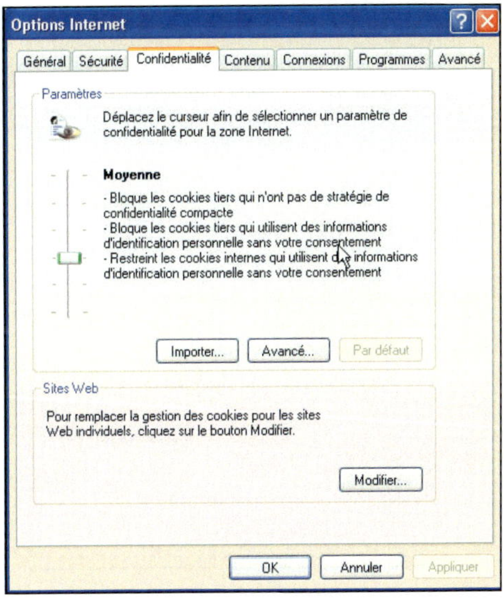

L'onglet Contenu

Cet onglet permet de paramétrer notamment la surveillance parentale, en interdisant la navigation sur des sites à caractère violent ou pornographique.

C'est également à partir de cet onglet que les utilisateurs avertis peuvent enregistrer ou éditer les certificats d'authentification.

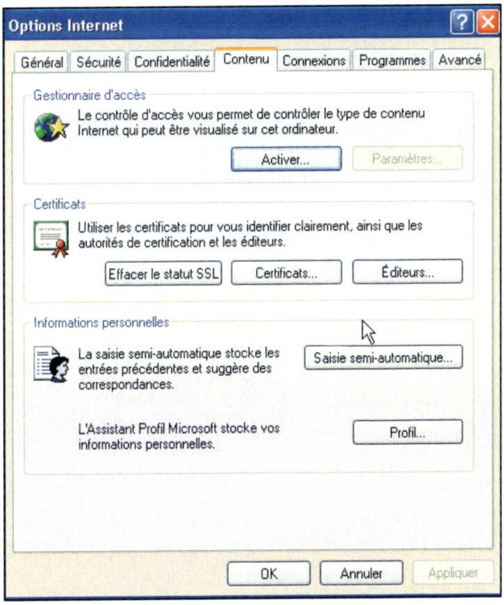

L'onglet Connexions

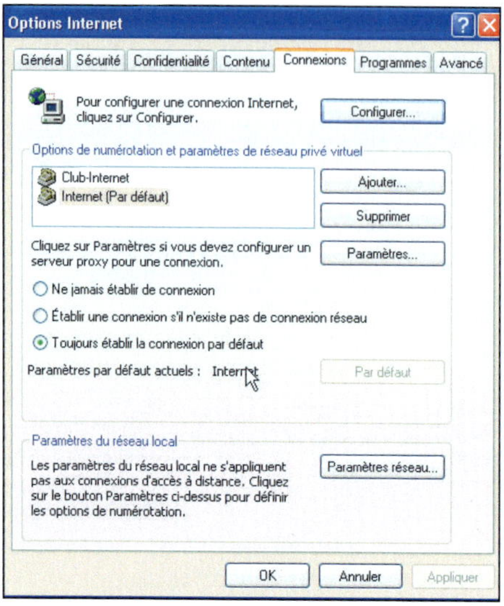

Cet onglet permet de consulter les différentes connexions à Internet configurées sur l'ordinateur. Vous pouvez définir votre connexion par défaut et choisir de lancer Internet Explorer automatiquement à chaque connexion. Vous pouvez également déterminer ici l'affichage ou non d'une boîte de dialogue de confirmation lors de son lancement.

L'onglet Programmes

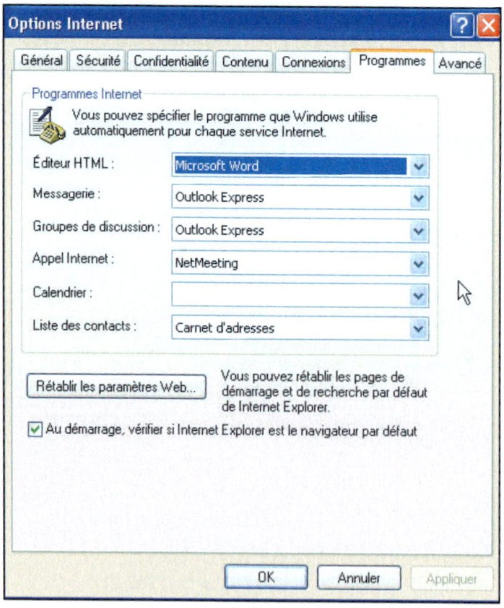

Sous cet onglet, vous pouvez configurer les programmes associés à Internet et directement accessibles depuis Internet Explorer, par exemple le programme de courrier électronique.

L'onglet Avancé

Sous cet onglet, vous trouvez une liste des différentes options concernant tous les domaines énumérés précédemment. Sélectionnez-les en cochant les cases correspondantes.

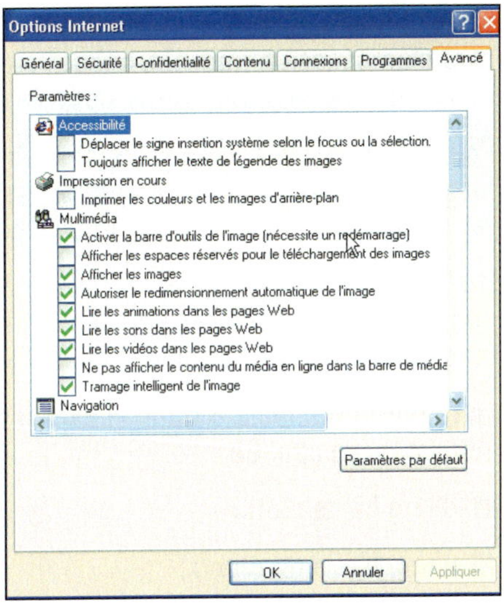

La messagerie électronique

La messagerie est le deuxième grand vecteur d'Internet. Une toute nouvelle méthode de communication est née avec le réseau. Tous les fournisseurs d'accès vous proposent une ou plusieurs adresses de courrier électronique. Windows XP propose en standard un logiciel complet et simple d'emploi pour envoyer et recevoir des messages électroniques (**e-mails**) et participer à des groupes de news : Outlook Express.

E-mail

Un e-mail, également appelé « courrier électronique » ou « courriel », est un message similaire à une lettre, que vous envoyez non pas par la poste, mais par le biais d'un ordinateur et d'Internet.

Un e-mail peut contenir du texte, mais aussi des images, du son... et d'une manière générale n'importe quel type de données que vous pouvez éditer ou consulter sur un ordinateur.

Outlook Express est installé d'emblée et automatiquement configuré pour s'ouvrir depuis Internet Explorer par le menu **Outils/Courrier et News**.

Utiliser Outlook Express

Vous pouvez lancer Outlook Express directement depuis Internet Explorer. Lors d'une session Internet, cliquez sur l'icône *Courrier* de la barre d'outils ou passez par le menu **Outils/Courrier et News**.

Pour lancer Outlook Express depuis Windows XP, cliquez sur **Démarrer/Tous les programmes/Outlook Express**. Il est bien évidemment possible de créer des raccourcis, qui vous seront très utiles par la suite.

De la même façon qu'Internet Explorer peut être configuré pour lancer la connexion à Internet lors de son démarrage, cette connexion est également lancée lors du démarrage d'Outlook Express, si aucune autre n'est active.

La fenêtre principale d'Outlook Express est, comme toutes les fenêtres Windows, composée :

- d'une barre de titre ;
- d'une barre de menu ;
- d'une barre d'outils ;
- d'une ou de plusieurs zones de travail ;
- d'une barre des tâches.

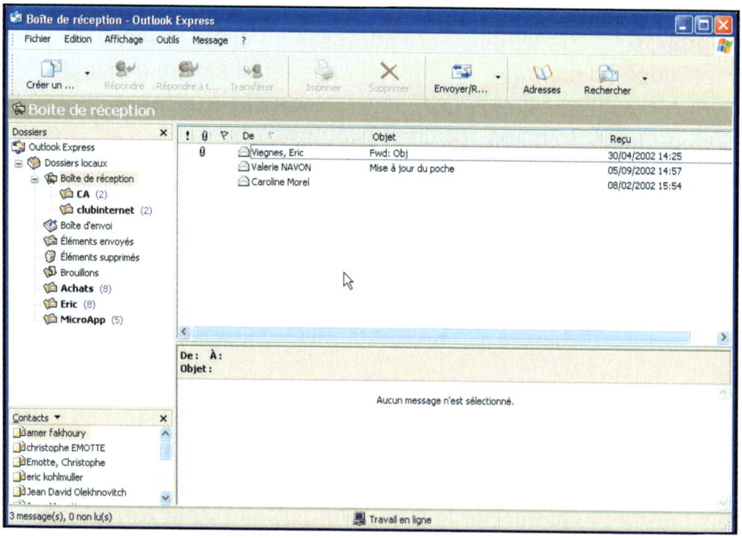

Composer *un e-mail*

Vous allez maintenant créer un message, puis vous verrez comment l'envoyer à votre correspondant.

1 Pour passer en mode de création de message, activez le menu **Fichier/Nouveau/Message de courrier** ou cliquez sur le bouton **Nouveau message** de la barre d'outils.

Une nouvelle fenêtre s'ouvre. Cette fenêtre est composée de plusieurs objets et zones.

2 Saisissez l'**adresse e-mail** de votre correspondant dans la zone de texte *À*.

Adresse e-mail

Chaque utilisateur d'Internet dispose d'une ou de plusieurs adresses e-mail. Votre FAI vous en a probablement créé une lors de l'ouverture de votre abonnement.

Pour écrire à un correspondant, vous devez connaître son adresse e-mail. Cette adresse se présente sous la forme *prénom.nom@domaine.pays*. Attention, de plus en plus de fournisseurs d'accès imposent des adresses dans lesquelles le prénom est remplacé par son initiale et le nom de famille est suivi d'un numéro, à cause des homonymies.

Par exemple :

- *jean.dupont@ifrance.com* ;
- *j.dupont145@wanadoo.fr* ;
- *pseudo534@hotmail.com*.

Évitez d'envoyer des e-mails à une personne si vous n'êtes pas certain de son adresse. Cela peut d'abord encombrer le réseau, puis un homonyme de votre correspondant peut recevoir des e-mails qui ne lui sont pas destinés. Il existe sur Internet des moteurs de recherche spécialisés dans le recensement d'adresses e-mail. Ce sont les annuaires.

Il est possible de saisir plusieurs e-mails à la suite, séparés par des points-virgules, pour envoyer un même courrier à plusieurs correspondants.

3 Donnez un titre à votre e-mail dans la zone *Objet*. Ce titre constituera ensuite l'**en-tête** de votre message.

En-tête

L'en-tête permet à votre destinataire de connaître le contenu de votre message sans avoir à l'ouvrir. De plus, lorsque les messages sont archivés dans un dossier, cela permet de retrouver un message de façon très rapide, sans avoir à les ouvrir tous, les uns après les autres.

L'en-tête peut être composé d'un seul mot ou d'une phrase entière. Lorsque vous utiliserez les fonctions de réponse à un message, l'en-tête de votre réponse sera par défaut celui du message d'origine précédé de la mention *RE:* (réponse).

4 Tapez le texte de votre e-mail dans l'espace situé en bas de la fenêtre. Divers outils de mise en forme sont à votre disposition.

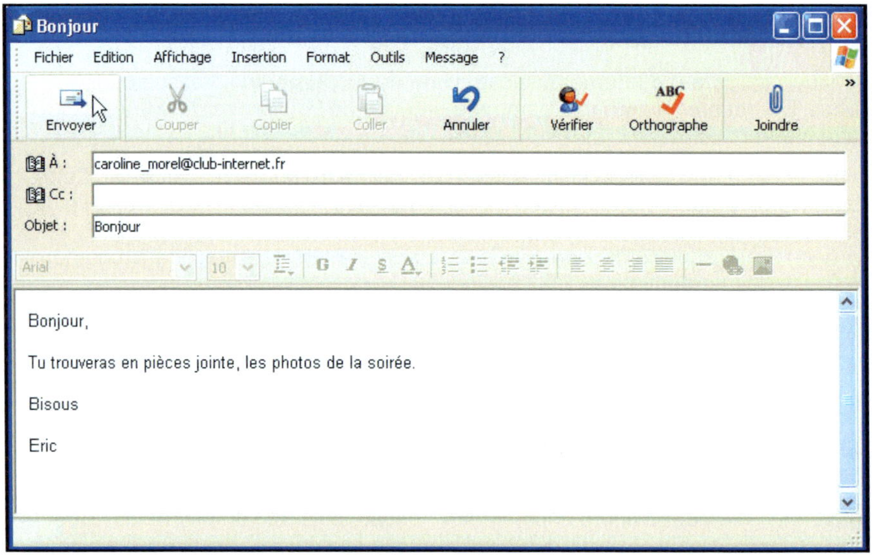

5 Une fois votre message saisi, mis en forme et vérifié, vous pouvez l'expédier en cliquant sur le bouton **Envoyer** de la barre d'outils. ■

Votre message est alors placé dans le dossier *Boîte d'envoi*.

Votre message sera définitivement envoyé lorsque vous cliquerez sur le bouton **Envoyer et recevoir** de la barre d'outils. Le dossier *Eléments envoyés* comprendra alors votre message, pour archive.

Vous pouvez, lors de la saisie du texte de votre message, utiliser diverses fonctions de mise en forme (gras, italique, couleur du texte, alignement, etc.), ainsi qu'un correcteur orthographique.

Toutefois, il est vivement conseillé de limiter la mise en forme du texte, car cela augmente la taille de l'e-mail.

Il est également possible d'exploiter d'autres zones situées en haut de la fenêtre de saisie :

- La zone de texte *De* rappelle l'adresse de l'expéditeur, ce qui est utile si vous possédez plusieurs adresses et si vous souhaitez choisir à partir de laquelle le message sera expédié.
- La zone de texte *Cc* (*Carbon copy* ou copie carbone) vous permet de spécifier une adresse à laquelle sera envoyé un double du courrier électronique.

Insérer *des pièces jointes*

L'intérêt d'un message électronique serait bien léger s'il n'était pas possible de lui adjoindre des documents (images, textes, sons) ou des programmes (fichiers exécutables). Une pièce jointe est un fichier envoyé avec l'e-mail.

Taille des pièces jointes

Comme vous allez le découvrir, il est très simple de joindre des fichiers avec un message électronique, et envoyer des pièces jointes de grande taille est tentant avec l'ADSL. Toutefois, toutes les boîtes aux lettres électroniques ont une taille limitée. Lorsque l'un de vos correspondants vous envoie un message, celui-ci reste stocké dans un espace disque qui vous est réservé sur le serveur d'e-mails de votre fournisseur d'accès, jusqu'au moment où vous en faites un relevé (bouton **Envoyer/Recevoir** de la barre d'outils d'Outlook Express). Selon le provider, cet espace peut aller de quelques kilo-octets à plusieurs mégaoctets. Si vous joignez 10 Mo de fichiers à votre e-mail, il est possible que le serveur de votre correspondant le refuse, car son espace disque est insuffisant.

Si vous souhaitez envoyer des images ou des fichiers, utilisez toutes les techniques possibles pour les compresser. Veillez toutefois à ce que votre correspondant dispose des moyens pour décompresser les pièces jointes.

Pour ajouter une pièce jointe à votre message, procédez ainsi :

1 Cliquez sur l'outil symbolisé par un trombone dans la barre d'outils de la fenêtre de création de nouveau message ou activez le menu **Insertion/Pièce jointe**.

2 Dans la fenêtre **Insérer une pièce jointe**, sélectionnez les fichiers à joindre à l'e-mail et validez votre sélection en cliquant sur le bouton **Joindre**. Si vous souhaitez joindre plusieurs fichiers se trouvant dans des dossiers différents, renouvelez l'opération autant de fois que nécessaire.

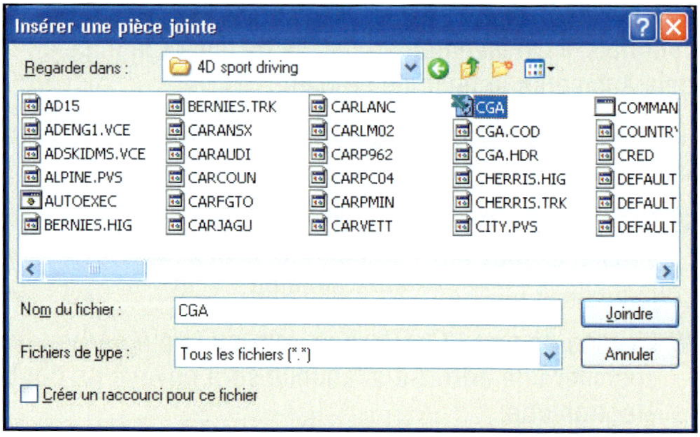

Le nom du fichier à joindre au message est inscrit dans la zone *Joindre*. Sa taille vous est donnée à titre indicatif.

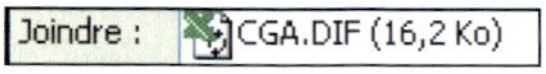

Organiser *les dossiers locaux d'Outlook Express*

Le répertoire *Dossiers locaux* d'Outlook Express contient plusieurs éléments.

- *Boîte de réception* : dossier dans lequel arrivent vos messages avant que vous ne les classiez.
- *Boîte d'envoi* : dossier dans lequel les messages à envoyer sont stockés.
- *Eléments envoyés* : dossier dans lequel est conservée une copie des messages que vous avez envoyés.

- *Eléments supprimés* : dossier pouvant s'apparenter à la Corbeille du Bureau de Windows XP. Lorsque vous supprimez des messages de la *Boîte de réception*, ces derniers sont placés dans le dossier *Eléments supprimés*. Ils ne seront définitivement détruits que lorsque vous aurez vidé ce dossier ou fermé la session.
- *Brouillon* : dossier pouvant contenir des brouillons types pour vos e-mails.

Il n'est pas conseillé de supprimer l'un de ces éléments. Cependant, vous pouvez ajouter des dossiers et des sous-dossiers aux *Dossiers locaux* :

1 Cliquez avec le bouton droit de la souris sur *Dossiers locaux* dans le volet **Dossiers**. Dans le menu contextuel, cliquez sur la commande **Nouveau dossier**.

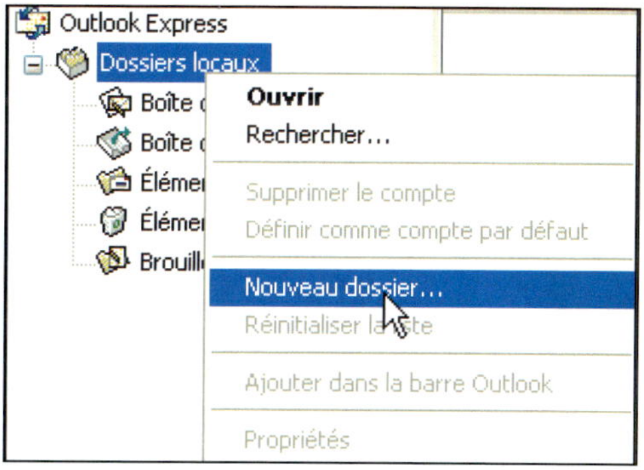

2 Dans la fenêtre **Créer un dossier**, saisissez le nom de votre nouveau dossier et validez en cliquant sur OK.

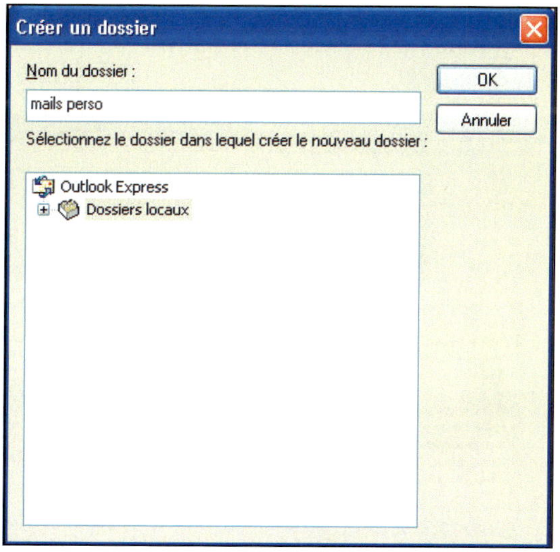

3 Votre dossier est alors ajouté. Cliquez avec le bouton droit de la souris sur ce dernier et activez la commande **Nouveau dossier** dans le menu contextuel pour créer un sous-dossier.

Les groupes de discussion

Une des manières les plus pratiques, et aussi l'une des moins connues, de communiquer sur Internet est d'utiliser les **groupes de discussion** (*newsgroups* en anglais). Ces groupes existent pourtant depuis longtemps, presque depuis la création d'Internet.

> **Groupes de discussion**
>
> Les groupes de discussion permettent, avec une interface spécifique, différente de celle qui est utilisée par les sites web, de discuter, de poser des questions ou d'y répondre sur des sujets très divers en se connectant à des groupes thématiques : informatique, cuisine, cinéma… Il existe plusieurs dizaines de milliers de groupes.

Tous ces groupes utilisent un nom normalisé, par exemple *comp.os.windows.nt*. Ce nom se décode de la manière suivante (de gauche à droite, chaque point représentant une séparation catégorie/sous-catégorie).

- *comp* : *computer*, il s'agit d'informatique.
- *os* : *operating system* (système d'exploitation).
- *windows* : la gamme Windows de Microsoft.
- *nt* : Windows NT.

Ce groupe traite donc de Windows NT, qui est un système d'exploitation d'ordinateurs.

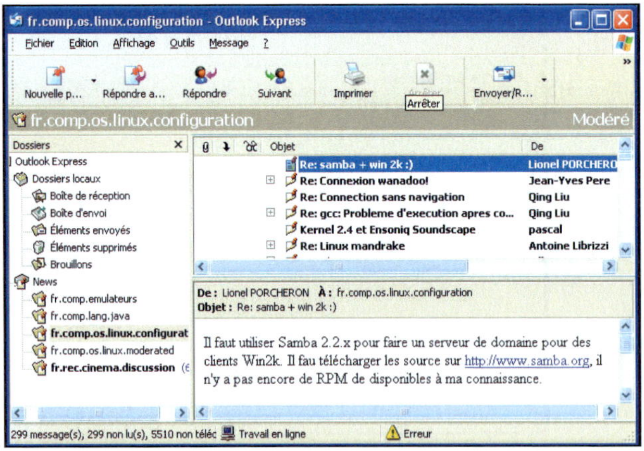

Toutes les catégories principales sont identifiées clairement.

Les principales abréviations des noms de groupe

Abréviation	Sujet traité
Alt	Divers
Comp	Informatique
Rec	Hobbies, loisirs
Sci	Scientifique
Fr, It, Es...	Sujets traités par pays (France, Italie, Espagne...)

Quelques exemples de groupe

Nom du groupe	Sujet traité
Fr.rec.cinema	Discussion sur les nouveaux films, questions sur les anciens
Fr.comp.os.linux.moderated	Forum modéré sur le système d'exploitation Linux
Alt.music.pink-floyd	Discussions diverses sur le groupe Pink Floyd
Comp.lang.java	Questions/réponses autour du langage Java

Concrètement, un groupe de discussion est constitué de messages qui ressemblent beaucoup à des e-mails, mais qui sont envoyés non pas d'une personne vers une autre, mais plutôt d'un intervenant vers un groupe de discussion.

De plus, chaque message est l'origine d'une structure arborescente : il est possible de répondre à un message, puis de répondre à cette réponse, etc. Ces messages en cascade s'appellent des *threads*. Pour une intervention portant particulièrement à polémique, il n'est pas rare de voir plusieurs centaines de réponses !

Configurer *l'accès aux groupes*

Pour utiliser les groupes de discussion, il faut au préalable connaître l'adresse d'un serveur qui vous permettra d'accéder aux données concernées. La plupart du temps, votre fournisseur d'accès à Internet propose un serveur de ce type : news.wanadoo.fr, news.free.fr...

Accès aux serveurs de news

Pour des raisons de rapidité d'accès, les FAI gèrent en général eux-mêmes leurs serveurs permettant d'accéder aux groupes de discussion. Toutefois, pour pouvoir y accéder, il est nécessaire de se connecter avec un accès du même fournisseur. Par exemple, il n'est pas possible d'accéder au groupe news.free.fr avec une connexion Wanadoo.

Reportez-vous à la documentation fournie avec votre accès Internet pour connaître l'adresse de ce serveur de news. Si vous ne parvenez pas à trouver cette information, adressez-vous au service hotline de votre FAI.

La configuration de cet accès s'effectue ensuite par le biais d'Outlook Express. Il est nécessaire, pour votre premier accès, d'être connecté à Internet.

1 Connectez-vous, et ouvrez Outlook Express.

2 Dans le menu **Outils**, sélectionnez **Comptes**.

3 Cliquez sur le bouton **Ajouter**, puis sur *News*. L'assistant de création d'un compte d'accès à votre serveur de news démarre. Cliquez sur **Suivant** à chaque fois pour passer d'une boîte de dialogue à l'autre.

4 Dans la première boîte de dialogue, tapez votre nom ou celui que vous voudrez faire apparaître sur chacune de vos interventions dans un groupe de discussion.

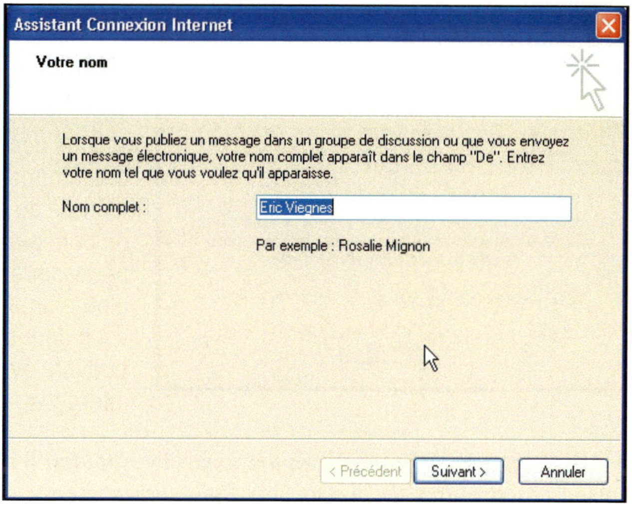

5 Dans la deuxième boîte de dialogue, saisissez votre adresse e-mail. Cette adresse servira aux lecteurs de vos interventions s'ils désirent vous répondre directement et non par le biais du groupe de discussion. Toutefois, là encore, il n'est pas obligatoire de mentionner une véritable adresse e-mail.

6 Saisissez l'adresse du serveur de news, également appelé NNTP, qui vous a été fournie par votre fournisseur d'accès, par exemple `news.free.fr`.

7 Cliquez sur **Terminer** pour installer votre accès au serveur de news. ■

Lorsque vous fermez la fenêtre vous donnant la liste des comptes installés sur Outlook Express, une boîte de dialogue vous demande si vous désirez télécharger la liste des groupes de news depuis le compte de news que vous venez de configurer. Cette étape est nécessaire, car elle vous permet d'obtenir une liste complète qui vous donne une idée des groupes pouvant éventuellement vous intéresser.

Cette étape est malheureusement assez longue, car il existe plusieurs milliers de groupes de discussion. Selon votre vitesse de connexion, elle peut facilement durer une dizaine de minutes. Toutefois, ce transfert n'a lieu qu'une seule fois : la liste est ensuite stockée sur votre disque dur local. Par la suite, si de nouveaux groupes de discussion apparaissent, vous ne recevez que leur nom ; il n'est pas nécessaire de télécharger l'ensemble de la liste.

Une fois ce téléchargement effectué, vous pouvez consulter la liste de ces groupes.

S'abonner à un groupe

L'utilisation des groupes de discussion serait difficile s'il était nécessaire de jongler en permanence avec la liste complète des groupes disponibles. Pour vous faciliter la tâche, Microsoft a introduit la notion d'abonnement.

Vous abonner à un groupe signifie le sélectionner sur la liste de vos groupes favoris, afin d'éviter d'avoir à le rechercher en permanence sur la liste complète.

La démarche à suivre est donc la suivante : au fur et à mesure de vos recherches sur la liste des groupes, notez les groupes pouvant potentiellement vous intéresser.

Pour vous abonner à un groupe, sélectionnez-le, puis cliquez sur le bouton **S'abonner**. Cette action provoque l'apparition d'une icône spécifique, à gauche du nom du groupe, et ajoute le groupe en question sur la liste de vos abonnements.

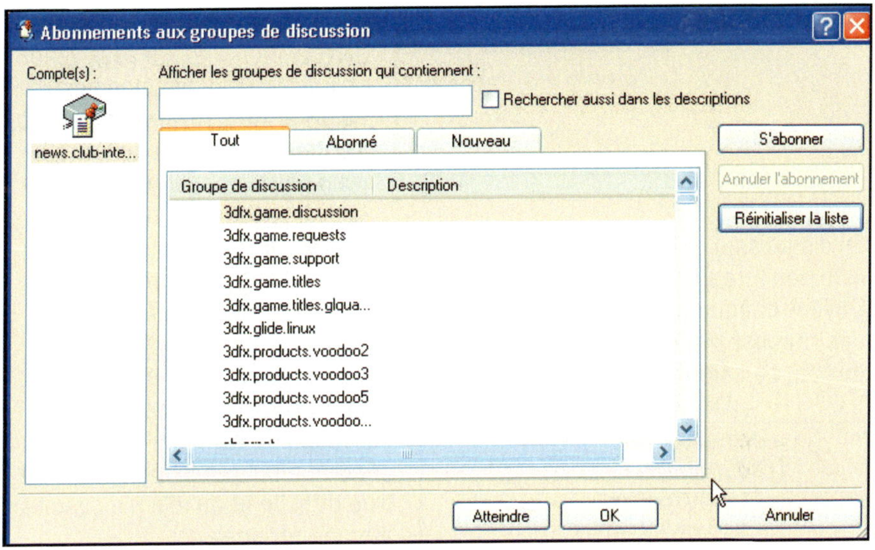

Il est bien entendu possible de se désabonner d'un groupe par la suite.

Une fois vos abonnements définis, vous pouvez consulter le contenu de chaque compte. Pour cela, fermez la fenêtre de sélection de groupes en cliquant sur OK.

La liste de vos abonnements apparaît dans la partie gauche de l'écran principal d'Outlook Express.

Pour visualiser le contenu d'un groupe de discussion, cliquez dessus. Au bout de quelques instants, la liste des messages du groupe s'affiche en haut à droite d'Outlook Express, là où apparaît d'habitude la liste de vos e-mails reçus.

À chaque fois que vous voudrez consulter le contenu d'un groupe de discussion, votre ordinateur ira chercher les nouveaux messages sur le serveur de news : il est donc nécessaire que vous soyez connecté à Internet.

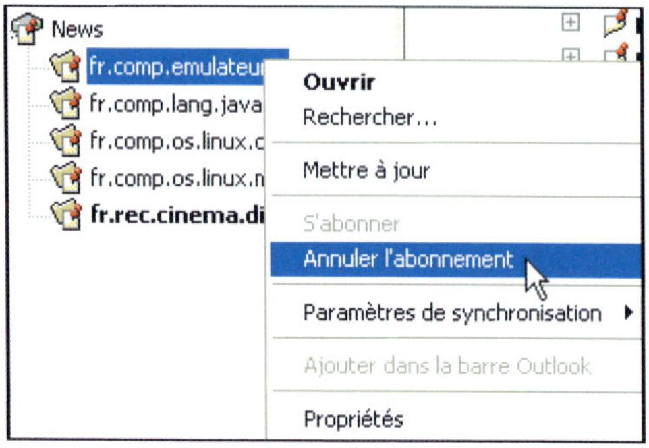

Lors de votre premier passage sur un groupe de discussion, Outlook télécharge pour vous les 300 derniers messages. C'est un bon compromis : en charger davantage prendrait un temps de téléchargement beaucoup trop long, et en charger moins ne vous permettrait pas de vous faire une idée précise du ton et du contenu du groupe.

En visualisant le contenu d'un groupe de discussion, vous obtenez en fait la liste des threads, c'est-à-dire la liste des sujets lancés par les intervenants. Devant chaque sujet, si un + apparaît, cliquez dessus pour afficher la liste des réponses apportées. Si aucune icône n'est présente à gauche du thread, cela veut dire qu'aucune réponse n'est disponible, soit parce que le sujet posé est trop récent, soit parce que le sujet n'a intéressé personne ou que la question était trop difficile et qu'elle n'a suscité aucune réponse.

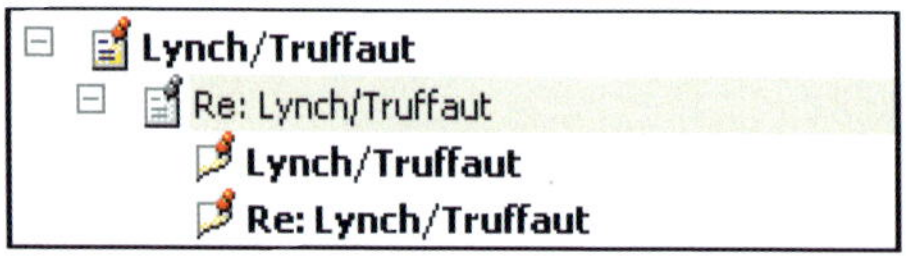

Intervenir *dans un groupe de discussion*

Après avoir navigué dans quelques groupes de discussion, vous serez peut-être tenté d'intervenir à votre tour, soit pour répondre à une question, soit pour lancer un nouveau sujet de discussion. Pour cela, quelques règles sont à respecter :

- Vous devez utiliser la langue d'usage du groupe. Sauf cas particulier (les groupes commençant par *fr.*, par exemple), l'anglais est obligatoire.
- Assurez-vous que vous postez votre question dans le bon groupe ! Avec la profusion des groupes de discussion, il est possible que vous posiez une question au mauvais endroit. Le cas le plus fréquent est de poser une question concernant une application dans un groupe consacré à un système d'exploitation. Ce n'est pas parce que le groupe s'appelle *fr.comp.os.windows* que vous pouvez poser des questions sur n'importe

quel logiciel fonctionnant sous Windows ! Souvent, un groupe plus approprié existe par ailleurs.

- Avant de poser une question, prenez le temps de lire les précédents messages. Rien n'est plus agaçant que de voir une même question revenir tous les 20 ou 30 messages ! Très souvent, vous vous apercevrez (en particulier sur les sujets techniques) que vous n'êtes pas seul à buter sur les mêmes problèmes et que des réponses existent déjà.
- Si elle existe, consultez la FAQ (foire aux questions) liée au groupe de discussion. Ce document, qui est en général posté régulièrement, rassemble en un seul document la majorité des questions/réponses posées fréquemment sur le sujet traité par le groupe.
- Ne répondez à un sujet que si votre intervention est utile au sujet.
- Évitez de lancer des **trolls**, ou alors précisez-le dès le début de l'e-mail.

Troll

Un troll, dans le jargon internaute, est un sujet de discussion lancé par mail ou dans un groupe avec la volonté de provoquer et, la plupart du temps, de générer des discussions stériles. Par exemple : Windows est-il meilleur que Linux ? Pourquoi tout le monde dit n'importe quoi ici ? L'expression consacrée est *Don't feed the troll*, que l'on pourrait traduire par : « Ne répondez pas à la provocation ».

Ces règles de bonne conduite, parfois contraignantes, sont les seuls moyens de maintenir des groupes de bonne qualité et agréables à lire.

Pour intervenir dans un groupe de discussion, utilisez la barre d'outils d'Outlook Express :

1 Pour écrire une nouvelle intervention, cliquez sur le bouton **Nouvelle publication** situé le plus à gauche.

2 Pour répondre à un sujet, cliquez sur **Répondre au groupe**.

3 Pour écrire directement à l'un des intervenants (en lui envoyant un e-mail personnel, sans passer par le groupe), cliquez sur **Répondre à l'expéditeur**.

Ensuite, écrivez le message dans une fenêtre identique à celle que vous utilisez pour écrire un e-mail. Sauf indication spécifique (groupes *binaries*), il est interdit de joindre un document au message.

L'apparition de votre message n'est pas immédiate : il faut en effet que celui-ci soit propagé entre les différents serveurs de news du monde entier. Comptez entre 5 minutes et une demi-heure pour voir apparaître votre intervention.

Le téléchargement de fichiers

Télécharger un fichier est une opération extrêmement simple avec Internet Explorer : cliquez sur un lien pointant sur un fichier et ce dernier se retrouve, au bout d'un temps plus ou moins long, sur votre disque dur.

Téléchargement

Le téléchargement consiste à transférer sur un réseau un fichier (programme, document, etc.) depuis un serveur qui met à disposition ces fichiers vers le disque dur de votre poste local.

Une fois le téléchargement effectué, vous possédez une copie du document ainsi mis à disposition.

Il existe beaucoup d'utilitaires qui permettent d'accélérer et d'optimiser les téléchargements sur Internet, par exemple Gozilla, GetRight ou Download Accelerator. Vous allez découvrir le fonctionnement de ce dernier.

Utiliser Download Accelerator

Grâce à ces logiciels, vous pouvez programmer des téléchargements, chercher automatiquement les sites les plus rapides pour télécharger vos fichiers et même reprendre un téléchargement interrompu si le serveur prend en charge cette fonctionnalité. Vous pouvez trouver ce logiciel à l'adresse www.downloadaccelerator.com/.

Pour installer Download Accelerator, procédez ainsi :

1 Double-cliquez sur le fichier téléchargé. L'installation commence.

2 Le programme vous demande quelques renseignements, comme votre adresse électronique. Cliquez sur **Next**.

3 Le programme vous propose un chemin par défaut où installer l'application. Acceptez en cliquant sur **Next**.

4 Une fois les fichiers copiés, Download Accelerator vous propose de lancer l'application automatiquement au démarrage de Windows. Pour accepter, cochez la case *Add Download Accelerator to your system startup* et cliquez sur **Next**. L'installation est terminée. Redémarrez votre ordinateur. ■

Lorsque vous redémarrez votre ordinateur ou si vous double-cliquez sur l'icône de Download Accelerator présente sur votre Bureau, le programme démarre. Cliquez sur la croix en haut à droite pour le fermer. Vous pouvez remarquer que l'application a disparu. Cependant, il est toujours présent en mémoire, vous pouvez le voir en regardant votre barre des tâches, son icône y est représentée.

Vous allez paramétrer quelques fonctions :

1 Cliquez avec le bouton droit de la souris sur l'icône du programme située dans la barre des tâches de Windows, puis activez la commande **Options**.

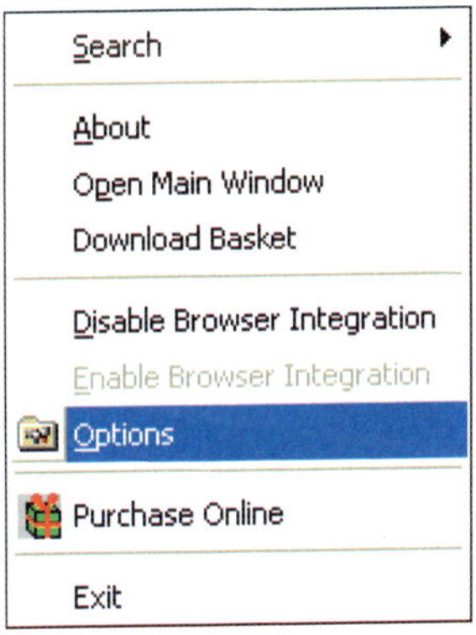

2 Cliquez sur l'onglet **General** à gauche. Cochez la case *Launch Download Accelerator on startup* si vous voulez que le programme se lance en même temps que Windows.

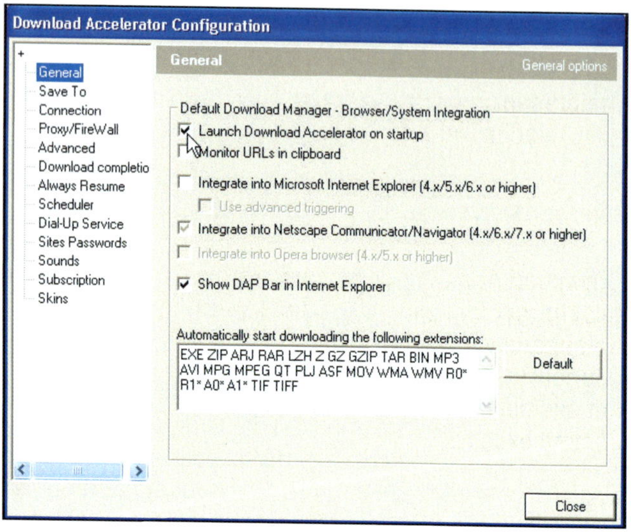

3 Cochez la case *Integrate into Microsoft Internet Explorer*. Cette option permet d'intégrer le logiciel dans Internet Explorer. Lorsque vous téléchargerez un fichier, c'est Download Accelerator qui vous demandera ce que vous voulez faire et non Internet Explorer.

4 Passez sous l'onglet **Save To**. Cliquez sur le bouton **Browse** pour sélectionner un répertoire dans lequel seront sauvegardés tous les fichiers que vous téléchargerez.

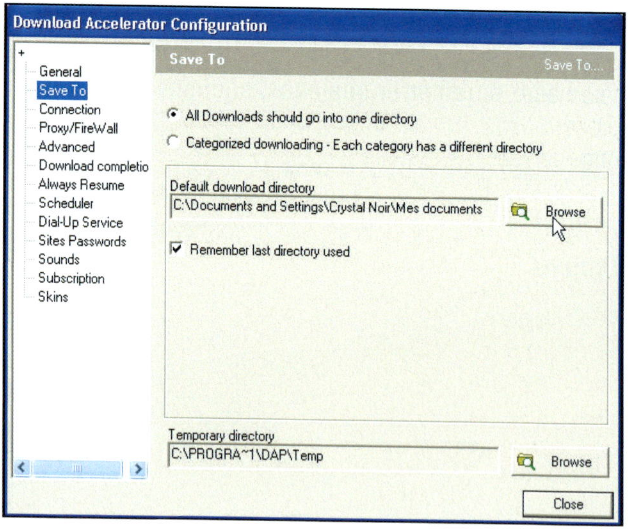

5 Les options de bases sont configurées. Cliquez sur le bouton **Close** pour fermer la fenêtre. ■

Télécharger des données

Maintenant, vous devez trouver un ou plusieurs fichiers à télécharger. Vous allez télécharger un freeware quelconque.

1 Cliquez sur le lien du fichier que vous voulez télécharger.

Download Accelerator démarre et vous demande où vous voulez télécharger le fichier. La partie supérieure vous donne le répertoire par défaut que vous avez configuré dans les options auparavant. La section inférieure vous donne les sites disponibles en indiquant leur rapidité. Dans cet exemple, un seul site est disponible avec un taux de transfert indiqué comme excellent.

2 Cliquez sur le site de votre choix, celui qui vous offre un téléchargement rapide, et cliquez sur le bouton **Start Download**.

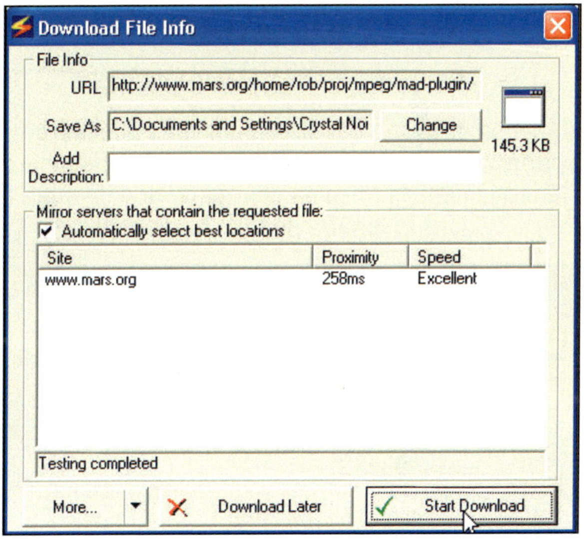

3 Le fichier se télécharge. Il est présent dans la fenêtre principale de Download Accelerator. Pour le voir, double-cliquez sur l'icône du logiciel présente dans la barre des tâches. Cette fenêtre affiche tous les téléchargements en cours.

Si pour une raison ou une autre le téléchargement est interrompu, vous pouvez le reprendre ultérieurement :

4 Double-cliquez sur l'icône de Download Accelerator dans la barre des tâches.

La fenêtre qui s'ouvre vous montre le fichier qui n'a pas été téléchargé. Il se peut que le programme reprenne lui-même le téléchargement.

5 Si ce n'est pas le cas, cliquez avec le bouton droit de la souris sur le fichier, puis activez la commande **Download Now**. La connexion est alors réinitialisée et le téléchargement reprend là où il s'était arrêté. ■

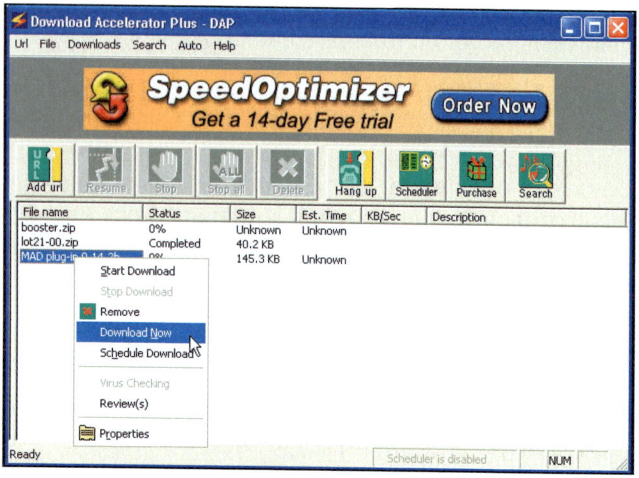

Attention, si le serveur sur lequel vous téléchargez le fichier ne prend pas en charge la fonction de reprise, vous devez télécharger le fichier entièrement ! Généralement, la prise en charge ou non de cette option par le serveur est indiquée dans la fenêtre de téléchargement.

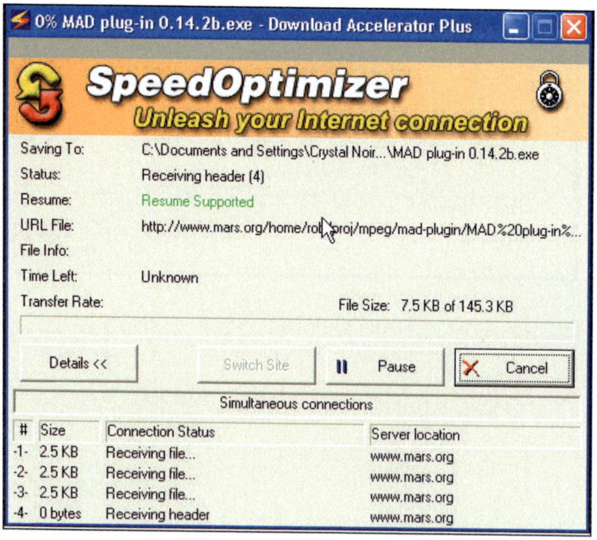

La télévision et la radio en ligne

Vous avez la possibilité de profiter de votre connexion pour visualiser de la vidéo et écouter des émissions audio à travers Internet. Cette possibilité existe depuis longtemps, mais elle était peu exploitée avant l'arrivée de l'ADSL. En effet, les autres types de connexion n'étant pas aussi rapides, il est difficile d'avoir un rendu correct. Vous allez découvrir les éléments nécessaires à cette fonctionnalité.

Il existe plusieurs formats vidéo, exploitables sur le Net. Il s'agit de formats de compression permettant d'obtenir le plus petit fichier vidéo possible et d'accélérer son chargement.

- Microsoft Windows Media Player : c'est le format standard de Microsoft. Les fichiers sont de types *.wmv* et *.wma*.
- RealPlayer : ce format est très utilisé car les fichiers générés sont de taille très réduite, de type *.ram* et *.ra*.
- QuickTime : ce format est utilisé pour Apple, mais il est disponible sur PC. C'est l'un des formats les moins utilisés. Les fichiers sont de type *.mov*.
- DivX : c'est le dernier-né. Très petits, ces fichiers offrent une qualité vidéo impressionnante. Ils ont pour la plupart l'extension *.avi* ou *.mpeg*.

Sur Internet, les sites vous proposant de la vidéo et de l'audio vous demandent de choisir votre format. Par défaut, chaque utilisateur de Windows possède le Lecteur Windows Media qui est installé d'origine avec le système. Pour en obtenir la dernière version, rendez-vous sur le site de Microsoft. Les formats RealPlayer et QuickTime doivent en revanche être installés.

Les principaux formats multimédias disponibles

Logiciel	Extension	Adresse web
Windows Media Player	.wma, .wmv	www.microsoft.com/windows media/
RealPlayer	.ram, .ra	www.real.com
QuickTime	.qt, .mov	www.quicktime.com

L'installation de chacun de ces logiciels se fait sans problème. Double-cliquez sur le fichier téléchargé et suivez les instructions à l'écran. Le programme d'installation se charge d'installer automatiquement les composants nécessaires.

Vous allez installer RealPlayer :

1 Lancez le fichier téléchargé. Un assistant démarre.

2 Le programme est en anglais. Il vous propose une installation express ou personnalisée. Cliquez sur **Custom Install** et sur le bouton **Next**.

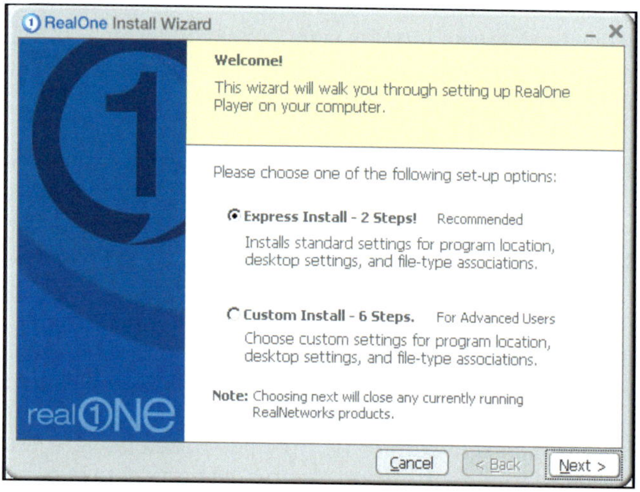

3 Après avoir lu les conditions d'utilisation du logiciel, cliquez sur **Accepter**.

4 Sélectionnez votre type de connexion. Cela permet d'optimiser le logiciel qui vous offrira ainsi les meilleures performances possibles. Par exemple, pour une connexion de type ADSL 512k, cochez la ligne *DSL/cable (400 kbps and above)*.

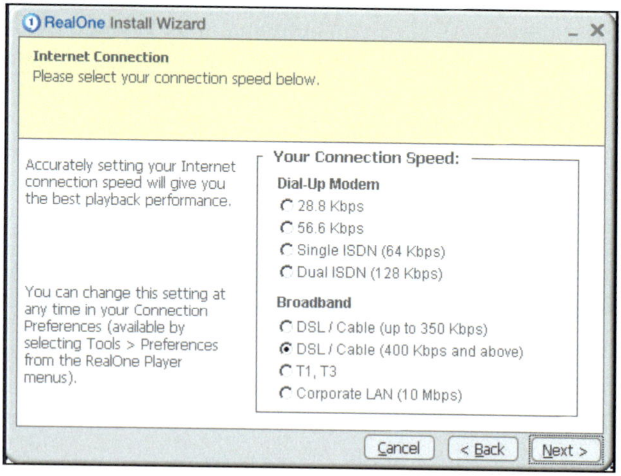

L'assistant démarre l'installation. Une fois terminée, il ne reste plus qu'à personnaliser le type de média que le lecteur va prendre en charge. RealPlayer est capable de lire à peu près tous les formats. Cependant, il n'est pas toujours efficace, notamment pour les formats vidéo de type *.mov* (Apple QuickTime). Vous allez paramétrer le logiciel pour qu'il ne fonctionne qu'avec les formats Real.

5 Cliquez sur **Cutomize**.

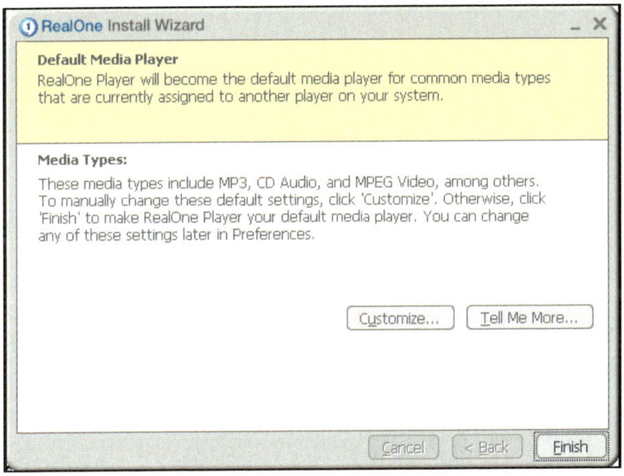

6 Une fenêtre s'ouvre avec les différents formats pris en charge par le logiciel. Décochez tous les formats. Par exemple, si vous avez d'autres programmes de lecture comme Winamp pour les MP3, Real ne lira pas les MP3 si vous décochez ce format. Cliquez ensuite sur OK.

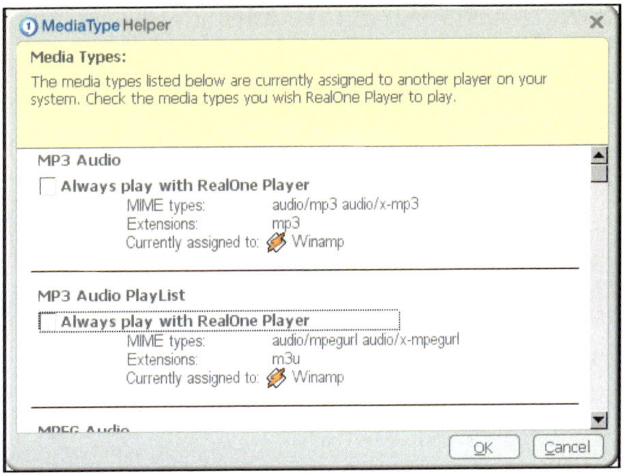

7 Cliquez enfin sur le bouton **Finish**. L'installation de Real Player est terminée. Si le programme d'installation vous demande de vous enregistrer, annulez l'opération en cliquant sur **Cancel**. ■

Vous voilà prêt à visionner des vidéos de type Real sur Internet !

Pour visionner des films ou écouter des musiques sur Internet, il n'est pas nécessaire de les télécharger. Vous pouvez regarder en direct le film sur Internet. En termes plus techniques, cela s'appelle du *streaming*. Vous n'avez rien à faire, si ce n'est cliquer sur le lien correspondant à la vidéo.

Vous allez visionner le journal télévisé :

1 Rendez-vous sur le site www.tf1.fr.

2 Cliquez sur le lien *News* en haut à droite. La fenêtre des nouvelles du jour s'affiche. Choisissez dans le menu à gauche *Les JT à la carte*.

3 Dans la fenêtre qui s'affiche, sélectionnez la date de votre choix à l'aide de la liste déroulante, puis optez pour le RealPlayer grand format.

Patientez quelques secondes, et contemplez !

Il existe beaucoup de sites sur Internet proposant de tels services. Il est même possible de regarder des films entiers. Attention cependant, tous ne sont pas gratuits ! Vous pouvez aussi écouter des radios en direct selon le même principe. Maintenant que vous savez comment regarder des films, et écouter des musiques en direct via Internet, il est temps d'apprendre à envoyer des flux audio et vidéo. C'est le but de la vidéoconférence.

La visioconférence et Netmeeting

Produit 100 % Microsoft, Netmeeting est la référence incontournable en matière de visioconférence. Petit logiciel facile d'accès, il présente de très nombreuses fonctions qui transforment aisément une simple connexion au réseau en session de travail collaboratif ou en soirée de discussion entre amis. Vous pouvez d'ailleurs utiliser Netmeeting que vous disposiez ou non d'une webcam ; c'est là l'une des nombreuses bonnes idées de ce programme. Si vous disposez d'une caméra, mais que votre interlocuteur, lui, n'en a pas, ce n'est pas grave, vous pouvez tout de même discuter avec lui et lui envoyer votre vidéo. Simplement, lui, n'enverra pas d'image. Toutes les configurations sont envisageables. De même, si vous n'avez pas de micro pour pouvoir discuter et que votre interlocuteur, lui, en a un, Netmeeting ne fera pas de blocage. Le logiciel est très souple et s'accommode de toutes les situations.

Netmeeting ne se limite pas à la vidéo. Il offre tout un éventail de petits plus et d'options qui en font un véritable outil de télétravail ou de réunions de famille, selon les envies. En plus de pouvoir chatter, envoyer sa vidéo via une webcam ou une caméra et de discuter par la voix, Netmeeting propose un tableau blanc partagé, l'envoi de fichier et le partage d'applications.

Au milieu de toutes ces possibilités, il existe une seule vraie limitation : seules deux personnes peuvent envoyer un flux vidéo. Même si vous avez invité une dizaine de personnes à venir chatter, que trois artistes en herbe se sont essayés sur le tableau blanc, la vidéo ne sera le privilège que de deux heureux élus.

Le matériel nécessaire

Pour utiliser un logiciel de visioconférence de manière optimale, il faut vous assurer que les périphériques audiovisuels suivants sont bien reliés à votre PC.

- Une carte son : sans elle vous serez sourd et muet. Il faut que votre carte soit non seulement dotée d'une sortie (pour les enceintes ou le casque), mais aussi d'une entrée (pour le microphone). Elle doit également vous permettre le duplex intégral, c'est-à-dire l'échange de données simultanément dans les deux sens (pour pouvoir par exemple réagir en cours de conversation à une remarque de votre interlocuteur sans attendre qu'il ait fini de parler ... ce qui n'est pas très poli, mais est parfois nécessaire !). Rassurez-vous, à moins de travailler sur un modèle très ancien, votre carte gère le full duplex.

- Une carte graphique : elle permet d'utiliser l'affichage Couleurs vraies 32 bits du PC. Éventuellement, le mode Couleurs vraies 24 bits peut être suffisant. Pour vérifier le mode d'affichage de votre PC, cliquez sur **Démarrer**, puis sur **Paramètres/Panneau de configuration**. Cliquez sur l'icône *Affichage* et choisissez l'onglet **Paramètres**. Le mode couleur utilisé se trouve en bas à gauche.

- Des enceintes ou un casque pour pouvoir écouter votre correspondant : les enceintes sont généralement fournies à l'achat du PC, même si elles sont le plus souvent de médiocre qualité. Si vous êtes amené à vous servir fréquemment, ou pour des raisons professionnelles, de Netmeeting, un casque est préférable en raison de son meilleur confort d'écoute, de l'absence d'écho ou d'effet Larsen et de la confidentialité des propos de votre interlocuteur.

- Un microphone : rarement fourni à l'achat de l'ordinateur, il vous faudra en faire l'acquisition séparée. Les modèles informatiques de base ne sont certes pas d'une qualité époustouflante, mais c'est tout à fait suffisant pour l'usage téléphonique que vous voulez en faire. Vous pouvez également disposer d'un casque-microphone ou utiliser le microphone intégré à votre webcam le cas échéant.

- Une webcam : elle est indispensable pour la visioconférence. Son usage s'est répandu et, de ce fait, ce type de périphérique est nettement moins onéreux qu'il ne l'était auparavant. Les modèles accessibles aux particuliers nécessitent un simple branchement suivi de l'installation du logiciel prenant en charge la webcam.

Installer le programme

Par défaut, Netmeeting est installé sous Windows XP. Il vous suffit juste de l'activer et de lancer sa configuration pour pouvoir en profiter.

1 Cliquez sur **Démarrer**, puis sur **Exécuter**. Tapez `conf` et cliquez sur OK.

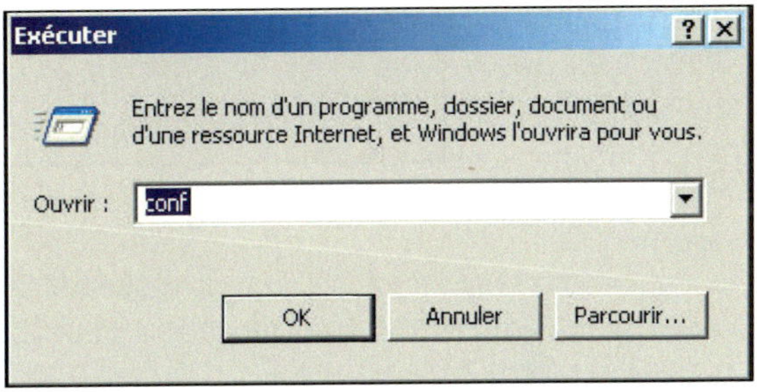

2 L'assistant de configuration de Netmeeting démarre. Il vous présente les principales fonctions de Netmeeting. Cliquez sur **Suivant**.

3 Vous accédez à la page de configuration des informations personnelles. Renseignez tous les champs que vous jugez utiles : nom, prénom, adresse e-mail, etc. Ces informations apparaîtront dans l'annuaire Netmeeting auquel vous vous connecterez, si vous en utilisez un. Voilà pourquoi il n'est peut-être pas nécessaire de donner votre adresse e-mail exacte ou votre numéro de téléphone. Ils pourraient tomber dans des mains indiscrètes ou mal intentionnées. Une fois tous les champs remplis, cliquez sur **Suivant**.

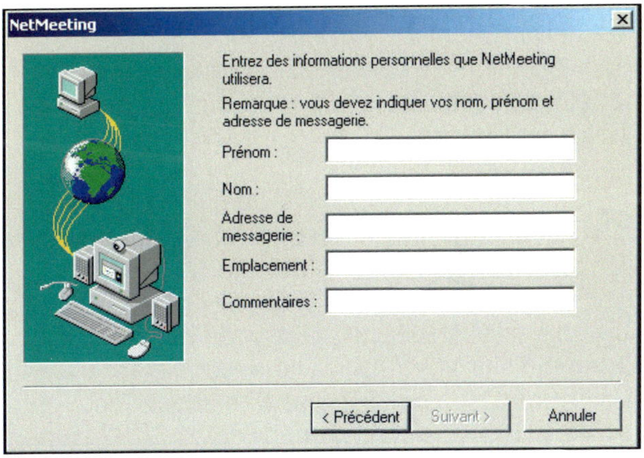

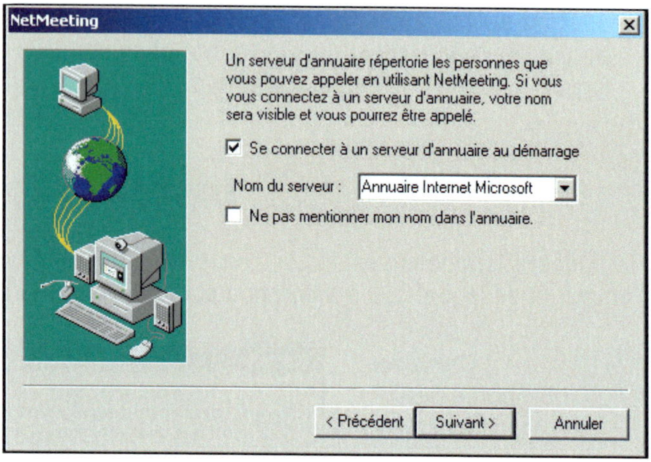

4 La boîte de dialogue suivante vous permet de configurer votre connexion. Netmeeting peut se connecter à un serveur d'annuaire pour vous permettre de rentrer en contact avec des internautes du monde entier. Vous pouvez également lui donner directement l'adresse d'un correspondant si vous ne souhaitez pas passer par un annuaire. À vous de choisir. Pour le moment, laissez cochée l'option *Se connecter à un serveur d'annuaire au démarrage*. Sur la liste déroulante *Nom du serveur*, indiquez un serveur qui fonctionne. Vous pourrez trouver une liste complète de serveurs à l'adresse http://archive.devx.com/netmeeting/bestservers.asp. Si vous cochez la case *Ne pas mentionner mon nom dans l'annuaire*, vous serez connecté au serveur, mais votre nom n'apparaîtra pas sur la liste, ce qui est un bon moyen pour ne pas être dérangé perpétuellement. Une fois toutes les informations données, cliquez sur **Suivant**.

5 Choisissez la vitesse à laquelle vous êtes connecté à Internet.

6 Vous accédez ensuite à la page de configuration de la vidéo. Si vous disposez d'une caméra ou d'une webcam et qu'elle est correctement connectée à votre ordinateur, elle doit apparaître dans le menu déroulant. Choisissez votre caméra et cliquez sur **Suivant**.

7 Choisissez les options qui vous conviennent pour avoir un raccourci vers Netmeeting sur votre Bureau ou dans votre barre de lancement rapide. Cliquez sur **Suivant**.

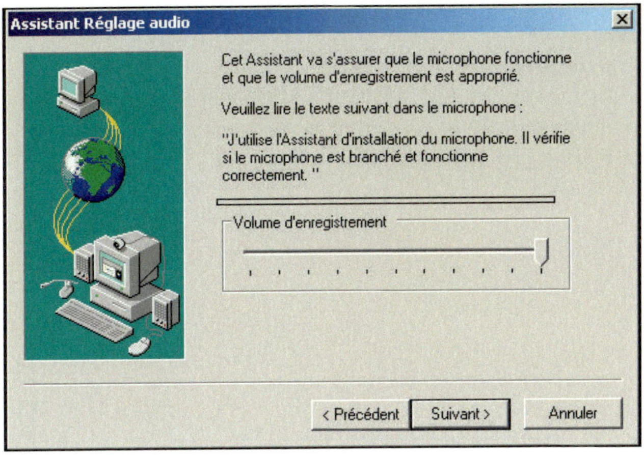

8 Vous allez configurer la partie audio de Netmeeting. Assurez-vous que vous avez bien connecté votre microphone à votre ordinateur. Assurez-vous également qu'aucun autre programme n'utilise le microphone. Cliquez sur **Suivant** pour passer sur la première page explicative et arriver sur la page de test proprement dite. Dans un premier temps, Netmeeting configure le volume d'enregistrement pour ensuite régler le volume de lecture. À chaque étape, adaptez les niveaux à vos besoins. Le bouton **Test** de la page de réglage du volume de lecture vous permet de vérifier que tout vous convient. Vous pouvez cliquer sur **Précédent** pour revenir à l'étape du niveau d'enregistrement. Une fois tous les réglages correctement effectués, cliquez sur **Suivant** pour terminer, puis, dans la nouvelle fenêtre, sur **Terminer**. Si vous ne disposez ni d'une caméra ni d'un microphone ou s'ils sont mal installés, Netmeeting vous informe qu'il ne peut pas utiliser ces périphériques. Vous pouvez les reconfigurer par la suite. ■

La configuration de Netmeeting est terminée, le logiciel doit alors se lancer. Si vous avez bien indiqué un nom de serveur d'annuaire et que celui-ci fonctionne, les deux petits ordinateurs en bas à droite de la fenêtre de Netmeeting doivent être en couleur et non grisés.

Utiliser *Netmeeting*

1 Lorsque Netmeeting est lancé et si vous disposez d'une caméra, cliquez sur le triangle vert (icône *Lecture*) pour profiter du flux vidéo.

2 Si vous êtes connecté à un serveur d'annuaire, il est possible que quelqu'un vous appelle. Pour accepter un appel, rien de plus simple. Une petite fenêtre doit s'ouvrir pour vous informer de l'appel entrant. Cliquez sur le bouton **Accepter** pour entrer en communication.

3 Si votre connexion n'est pas parfaite, vous pouvez toujours interrompre le flux vidéo envoyé par votre correspondant : cliquez sur la fenêtre d'affichage avec le bouton droit de la souris et activez la commande **Suspendre**.

4 Pour appeler un correspondant, cliquez sur le petit téléphone situé en haut à droite de la fenêtre Netmeeting. Vous avez alors deux options : soit donner l'adresse IP de votre correspondant si vous la connaissez, soit passer par un annuaire pour rechercher votre correspondant. Pour utiliser l'annuaire, cliquez sur l'icône en bas à gauche de la fenêtre **Effectuer une connexion**. Vous pouvez alors rechercher une personne connectée sur le même annuaire que vous.

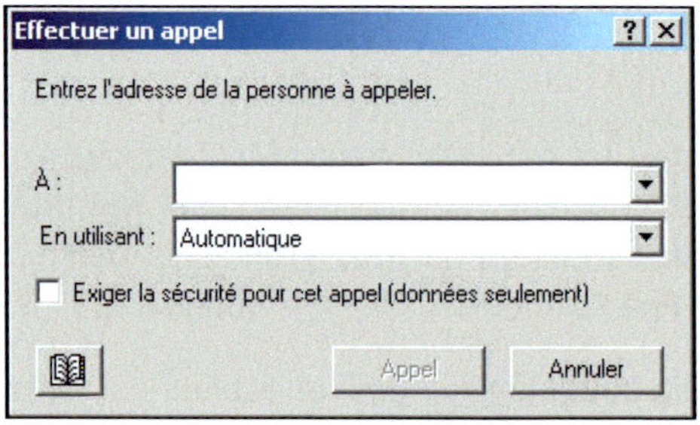

5 Pour partager une application, cliquez sur l'icône *Partager un programme*. La nouvelle fenêtre permet de gérer le partage. Vous disposez d'une liste des programmes actuellement en cours d'utilisation sur votre propre Bureau Windows. Cliquez sur l'un des programmes, puis sur le bouton **Partager**. N'oubliez pas que vous devez être en communication pour pouvoir partager des applications. Une fois que vous avez partagé une application ou même votre Bureau, cliquez sur **Autoriser le contrôle** si vous souhaitez que votre correspondant puisse prendre la main sur l'application que vous avez partagée. Sans cela, il devra se contenter de regarder. ■

Premier contact

Voilà, vous avez lancé le contact. Netmeeting affiche alors la boîte de dialogue ci-contre, indiquant qu'il cherche à joindre votre correspondant.

Attention, il se peut que votre appel n'aboutisse pas pour plusieurs raisons :

- Votre correspondant potentiel a décliné la demande de contact envoyée par Netmeeting en cliquant sur **Non**.
- La personne que vous avez tenté de joindre s'est déconnectée entre-temps.
- Le temps dont disposait votre correspondant pour accepter ou refuser la communication a été dépassé et Netmeeting vous a renvoyé automatiquement un message de refus.

Quelle que soit la raison de cet échec, vous recevez le même message de refus indiquant que votre correspondant n'a pas accepté votre appel.

Si votre contact a abouti, vous pouvez converser et voir votre correspondant. La liste des personnes en communication apparaît dans la fenêtre située sous celle qui est dédiée à la vidéo.

Il est également possible qu'un correspondant cherche à vous joindre, si votre nom figure sur les listes d'annuaire. Dans ce cas, vous recevez un message assorti d'une sonnerie vous avertissant qu'un correspondant cherche à vous contacter. Cliquez sur **Accepter** pour que la connexion s'établisse ou sur **Ignorer** pour ne pas accepter la communication.

Une conversation en mode texte (chat)

Ce mode de communication ne doit pas être négligé car le chat peut se faire à plusieurs (plus de deux utilisateurs), contrairement aux échanges audiovisuels. Il peut être utilisé en même temps que le mode audio ou vidéo.

Pour l'activer, cliquez sur le bouton **Chat** situé sous la liste des participants.

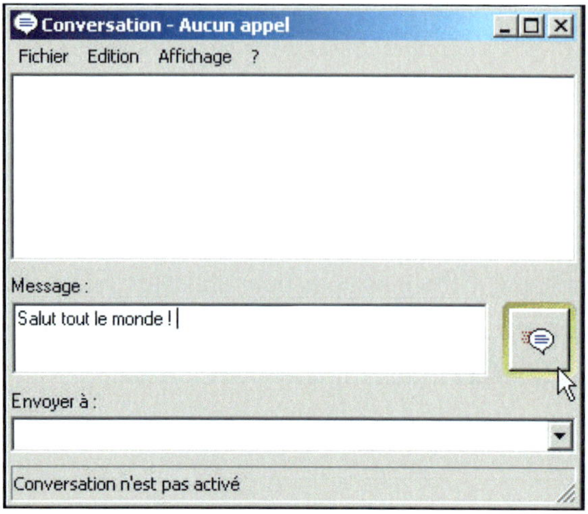

Le principe est simple : après avoir tapé votre texte dans la fenêtre de message, appuyez sur Entrée pour l'envoyer. La phrase que vous venez de taper est affichée dans la fenêtre des dialogues précédée du nom et du prénom que vous avez indiqués à l'installation. Une barre de défilement apparaît lorsque l'ensemble de la conversation ne tient plus dans la fenêtre, permettant ainsi d'accéder à l'intégralité de la conversation tant que la connexion reste établie.

Le mode Conversation vous permet d'être en relation avec sept personnes au maximum. Par défaut, la fenêtre qui s'ouvre est une fenêtre publique, accessible à tous les autres correspondants. Vous pouvez engager une conversation privée avec l'un des participants : faites défiler la liste des correspondants dans la zone *Envoyer à* située en bas de la fenêtre et choisissez la personne concernée.

La communication audio

Pour peu que les deux PC mis en rapport aient l'équipement adapté, c'est le mode de communication par défaut. Si vous savez vous servir d'un téléphone, vous savez vous servir du mode audio de Netmeeting. Petit bémol, la qualité sonore est loin d'être équivalente à celle d'un téléphone classique. À moins de disposer d'un système de téléconférence spécialisé et onéreux, vous risquez d'être déçu par le caractère laborieux de vos communications audio via Netmeeting…

Vous rencontrerez les mêmes problèmes avec d'autres logiciels dans la mesure où c'est la nature du transfert de données qui est la cause de la mauvaise restitution sonore, des parasites ou autres que vous pourrez rencontrer. Cela dit, les récents développements techniques ont considérablement amélioré ce type d'échanges sur Internet, on est bien loin des communications quasi hasardeuses des débuts.

La visioconférence

Outre le son, ce mode de communication vous permet de voir et d'être vu pour peu que les deux PC soient équipés de webcams. Si vous n'avez pas de webcam, rien ne vous empêche de recevoir l'image de votre correspondant, avec qui vous pouvez tout de même dialoguer via votre microphone.

Pour démarrer ou arrêter la transmission vidéo, cliquez sur le bouton **Play/Pause** situé en bas à gauche de la fenêtre vidéo.

Le tableau blanc

Le tableau blanc n'est autre qu'un petit outil de graphisme sur lequel peuvent travailler en même temps plusieurs personnes connectées, chacune se passant la main. Idéal pour expliquer un schéma à distance en le reconstruisant point par point ! Le tableau permet également de glisser-déposer des images situées sur une machine locale. Les productions peuvent bien sûr être sauvegardées.

Le tableau blanc permet à tous les participants d'une conférence (que le mode de connexion soit audio, vidéo ou chat) de partager cette zone libre.

Chacun des huit (au plus) participants est libre d'intervenir comme bon lui semble sur le tableau.

Le partage d'application

Enfin, dernière fonction mais non des moindres : le partage d'application. Lorsque vous êtes en communication avec Netmeeting, l'un des interlocuteurs peut prendre la main sur un programme installé sur la machine de son correspondant.

Un exemple tout simple : vous ne savez pas comment faire des colonnes de texte avec Word.

1 Lancez Netmeeting pour demander de l'aide à un ami qui connaît bien le logiciel de traitement de texte.

2 Lorsque la connexion est établie, lancez Word et demandez à Netmeeting de partager l'application. ■

Votre correspondant voit alors s'afficher, chez lui, une fenêtre Word contenant votre texte et votre mise en page. De votre côté, vous voyez bouger la souris au gré des déplacements effectués par votre ami. Tout en discutant via Netmeeting, il peut vous expliquer point par point comment créer des colonnes de texte. Vous pouvez suivre toute la démarche directement dans Word. Une fois la démonstration terminée, votre ami n'a plus qu'à vous redonner la main. C'est aussi simple que cela.

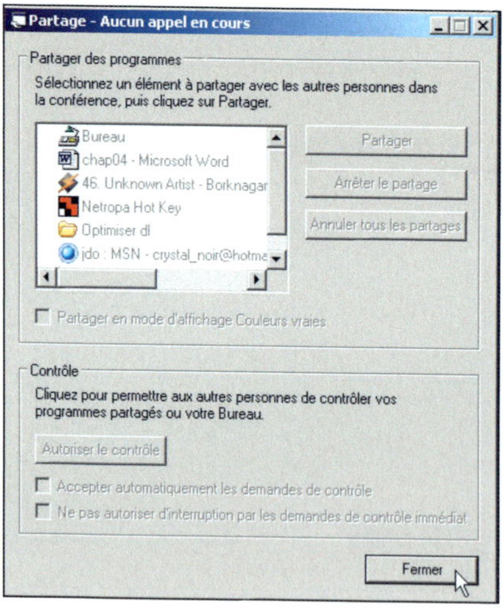

Votre Bureau Windows peut être partagé dans son intégralité. Vous n'avez plus qu'à regarder votre interlocuteur aller et venir entre vos icônes et vous faire une démonstration de tel ou tel logiciel ou retoucher une maquette dans votre logiciel de mise en page préféré.

Pour utiliser le partage d'application, cliquez sur l'icône correspondante et choisissez dans la fenêtre qui s'ouvre l'application que vous souhaitez utiliser.

Certains éditeurs utilisent d'ailleurs la technologie de Netmeeting pour assurer le support technique à distance d'un logiciel. Lorsque vous demandez de l'aide à un technicien, il vous propose de prendre le contrôle de votre machine pour pouvoir inspecter et, au besoin, réparer les erreurs.

La sécurité

C'est une faille de sécurité potentiellement exploitable au sein de Netmeeting. Faites bien attention lorsque vous décidez de partager une application ou votre Bureau. La personne à qui vous donnez la main peut détruire des données ou effacer certains de vos documents. Assurez-vous de l'identité de votre interlocuteur avant de lui laisser les clés de la maison !

La prise de contrôle à distance du PC

Elle vous permet, pour peu que votre correspondant autorise la manœuvre, de contrôler l'application ou le fichier concerné. Ce peut être un moyen pratique par exemple pour intervenir sur un fichier mal configuré : votre correspondant partage le fichier avec vous et vous donne le contrôle, vous créez à distance une sauvegarde du fichier, vous modifiez le code qui doit l'être et le problème est ainsi résolu. Attention, donner le contrôle à un correspondant sur l'Explorateur Windows peut être extrêmement dangereux puisque, de là, c'est l'ensemble de votre PC qui est sous son contrôle !

La prise de contrôle s'effectue une fois la fenêtre de partage d'application ouverte. Dans un premier temps, la personne hébergeant l'application à partager doit autoriser la prise de contrôle en sélectionnant l'application et en cliquant sur **Permettre le contrôle**. Le correspondant désirant contrôler l'application doit, de son côté, cliquer sur le menu contrôle de la barre de titre de l'application distante et choisir **Demander le contrôle**.

Le transfert de fichiers

Tout comme de nombreuses applications aujourd'hui, Netmeeting gère l'envoi de fichier d'un correspondant à un autre. Rien de bien surprenant à l'heure du Peer-to-Peer, mais, il y a quelques années, Netmeeting était un vrai précurseur dans le domaine.

Cette fonction de transfert de fichier, activée en cliquant sur l'icône correspondante, permet de transmettre immédiatement un fichier venant d'être modifié dans le cadre d'un travail à plusieurs, sans avoir besoin d'ouvrir un logiciel de messagerie et sans risque d'oublier un correspondant. De plus, certains FAI ne permettent pas l'envoi par e-mail de fichiers dépassant un certain poids.

1 Dans la fenêtre de transfert de fichiers, cliquez sur la première icône *Ajouter des fichiers* et naviguez jusqu'au fichier concerné (répétez ces étapes autant de fois que nécessaire).

2 Pour envoyer le ou les fichiers, cliquez sur la troisième icône en partant de la gauche (*Envoyer tout*). ■

Par défaut, le ou les fichiers sont envoyés à tout le monde, mais vous pouvez choisir de n'envoyer les fichiers qu'à un seul de vos correspondants en déroulant la liste indiquant l'option *A tout le monde*.

Chapitre 5

Profiter de son accès haut débit

Vous allez voir ici quelques applications de l'ADSL auxquelles vous n'auriez pas forcément pensé, mais qui sont rendues possibles par l'accès permanent et le transfert de données à haute vitesse.

Le haut débit n'est pas suffisant pour vous ? La fin de ce chapitre va vous faire découvrir le futur de l'ADSL : le très haut débit !

Louer des jeux vidéo

Depuis peu de temps, il est possible sur Internet, pour les possesseurs d'un accès ADSL, de louer des jeux vidéo. Grâce à la technologie du streaming, tout est possible.

Le principe est simple. Vous vous inscrivez sur un site. Vous vous connectez sur votre compte avec un nom d'utilisateur et un mot de passe, et vous téléchargez un programme qui servira à télécharger les jeux loués. Ce programme sert également d'intermédiaire entre vous et le site web puisqu'il est capable de détecter votre configuration et de vous dire si le jeu peut fonctionner sur votre ordinateur. Vous allez voir l'exemple du site Metaboli qui propose ce type de service :

1. Lancez Internet Explorer et rendez-vous sur le site www.metaboli.com.

2. Connectez-vous sur votre compte en entrant votre nom d'utilisateur et votre mot de passe.

3 Cliquez sur le lien qui vous permet de télécharger le programme dont vous allez avoir besoin, puis installez-le. L'installation ne pose aucun problème particulier.

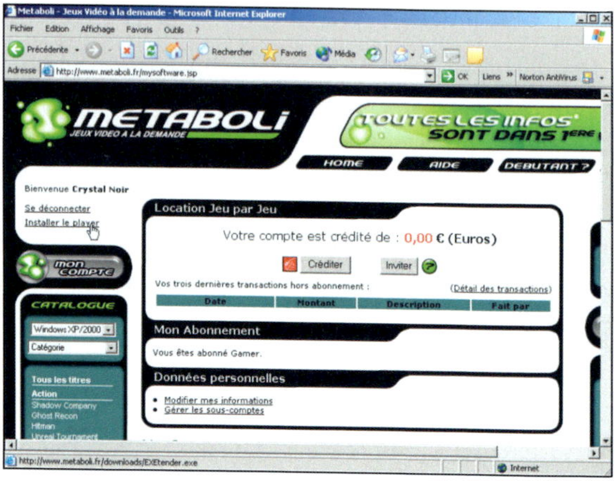

4 Revenez sur le site de Metaboli. Cliquez sur le lien *Mon compte*. Les jeux auxquels vous avez accès portent la mention compatible ou incompatible selon le cas.

5 Cet exemple suppose que vous avez souscrit aux services de Metaboli. Vous allez louer le jeu Hitman. Cliquez sur le jeu désiré. Après une brève description du jeu, un bouton **Jouer** est accessible. Cliquez dessus. ■

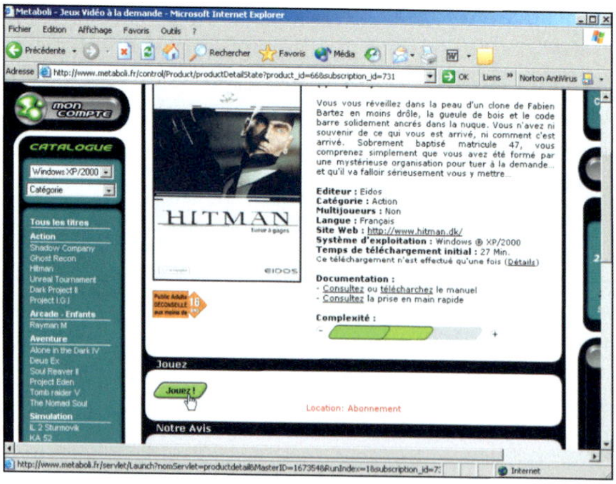

Le programme se met en route et télécharge le jeu. En fait, il ne le télécharge pas dans son intégralité, mais seulement une partie pour vous permettre de commencer le jeu. Pendant que vous jouez, le programme continue de télécharger le jeu, de manière transparente. Ainsi, vous pouvez jouer sans attendre. Une fois le téléchargement du jeu terminé, vous aurez la possibilité d'acquérir ce jeu pour une somme modique afin de le conserver dans votre logithèque personnelle.

Bien sûr, ce service est réservé aux possesseurs d'un accès à haut débit. Le site le mentionne et vous propose même de tester votre connexion afin de savoir si vous pouvez bénéficier ou non des services.

Les jeux massivement multijoueurs

Le monde du jeu vidéo évolue tout le temps. L'ADSL vous permet déjà de jouer sur Internet avec vos amis. Depuis que l'ADSL est répandu, un tout nouveau genre a fait son apparition : les jeux massivement multijoueurs. Ce sont en fait des mondes virtuels qui sont hébergés sur des gros serveurs qui fonctionnent jour et nuit. Le joueur évolue au sein de ces mondes en prenant une identité. Même quand le joueur n'est pas connecté, les mondes évoluent en son absence. L'histoire est alors créée par les protagonistes du jeu.

Nous pouvons citer par exemple Dark Age Of Camelot. Le principe du jeu est simple : le joueur choisit un monde puis se dévoue corps et âme pour le défendre. Les personnages évoluent dans un monde médiéval. Ces jeux massivement multijoueurs sont généralement payants. Un abonnement est nécessaire pour pouvoir se connecter. Vous pouvez en apprendre plus sur les jeux massivement multijoueurs à l'adresse suivante : http://www.mondepersistants.com.

Ce site regroupe la liste de tous les jeux du style avec un site dédié pour chacun

La vidéo 24h/24 avec Windows Média Player 9

Avec la multiplicité des émissions de télé réalité, beaucoup de sites proposent une connexion 24h/24 qui permet de suivre grâce à une vidéo vos émissions préférées en temps réel.

Le logiciel le plus simple et le mieux adapté à ces vidéos est sans doute Windows Media Player 9.

Vous trouverez la dernière version de ce programme à l'adresse : www.microsoft.com/windows/windowsmedia/default.aspx.

Petites astuces pour Windows Média Player 9

Les vidéos 24h/24 sont souvent diffusées sur les sites avec une interface particulière qui utilise Windows Media Player directement incrusté sur la page web. Ce n'est pas très pratique, surtout si vous voulez travailler en même temps par exemple.

Grâce à Windows Media Player, vous avez la possibilité de supprimer cette interface pour ne garder que la vidéo. Il suffit pour cela de récupérer L'URL de la vidéo.

1 Faites un clic avec le bouton droit de la souris sur la vidéo puis cliquez sur le bouton **Propriétés.** Sur la ligne intitulée *Emplacement* se trouve l'URL de la vidéo. Copiez-la.

2 Lancez maintenant Windows Media Player 9. Cliquez sur **Fichier** puis

sur **Ouvrir une URL** Dans la nouvelle fenêtre, recopiez l'URL voulue et cliquez sur **Ok**. La vidéo commence. ■

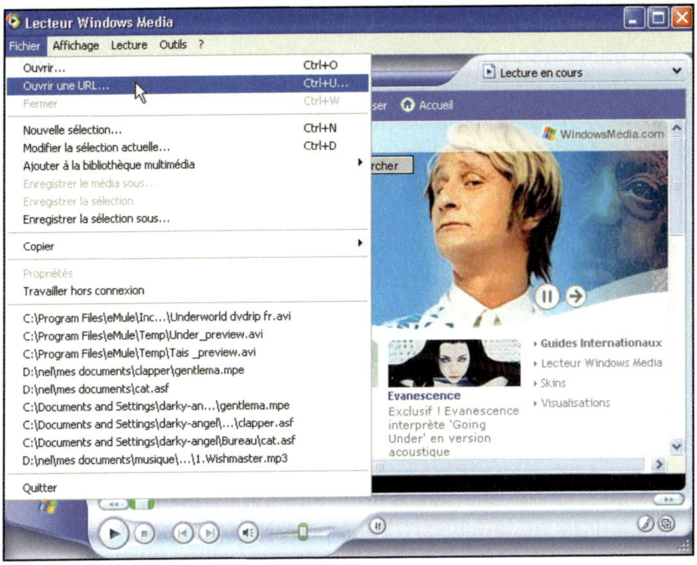

Vous pouvez minimiser la fenêtre de Windows Média Player de manière à avoir la diffusion de la vidéo dans un petit emplacement de votre barre des tâches.

1 Minimisez votre lecteur Média. Cliquez droit sur la barre des tâches Windows. Cliquez sur **Barres d'outils** puis sur **Lecteur Windows Média**.

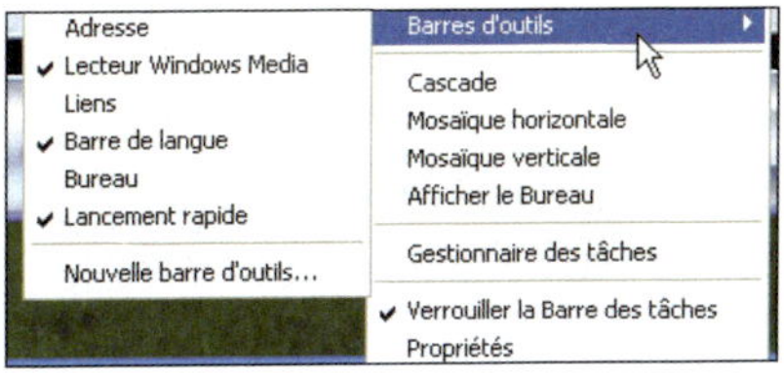

2 Cliquez sur le bouton en haut à droite pour afficher la vidéo. ■

Vous avez maintenant votre vidéo dans la barre des tâches de Windows. La vidéo ne gène plus la navigation Internet et reste minimisée aussi longtemps que vous le souhaitez.

Installer une interface dynamique sur le Bureau

Vous êtes connecté en permanence. Aussi, vous pouvez faire appel aux services d'Internet à n'importe quel moment et rapidement. Une interface dynamique vous permet d'afficher à la place d'un fond d'écran traditionnel des informations mises à jour régulièrement à travers le Net.

Les actualités internationales, le programme de télévision peuvent très bien s'afficher en direct sur votre écran. Le logiciel Samurize permet de créer une interface de ce type, personnalisée, grâce à des scripts téléchargeables sur le site du programme.

Vous pouvez télécharger gratuitement ce programme sur le site www.samurize.com. L'installation est très simple.

Vous allez créer une petite interface qui nous donnera le programme des chaînes de télévision. Vous pouvez télécharger tous les scripts nécessaires sur le site officiel de Samurize.

1 Démarrez le programme de configuration en cliquant sur le menu **Démarrer**, puis **Tous les programmes**. Sélectionnez l'icône *Samurize* et cliquez sur **Config**.

Au lancement du programme, vous obtenez un projet vierge. Pour rendre l'interface un peu plus agréable, vous allez ajouter une image de fond.

2 Cliquez sur l'onglet **Project Options**, puis cochez la case *Use Bitmap Background*. Cliquez sur le bouton marqué de trois petits points pour choisir votre image.

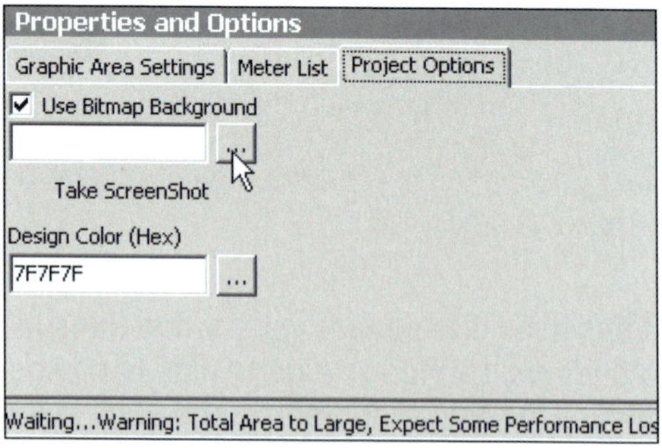

3 Assurez-vous que l'option *Snap To Grid* est cochée. Elle vous permet d'aligner les éléments sur le fond. Cliquez maintenant sur l'onglet **Graphic Area Settings**.

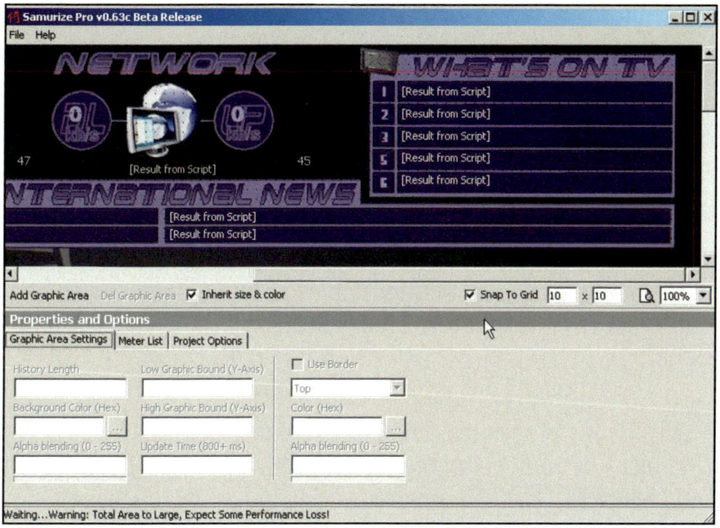

Vous allez ajouter une zone dans laquelle vous placerez les différents éléments du script du programme des chaînes de télévision.

4 Cliquez sur le bouton **Add Graphic Area**. Le programme ajoute une zone graphique que vous pouvez déplacer où vous voulez sur l'écran.

5 Cliquez sur l'onglet **Meter List**. C'est ici que sont répertoriés les scripts. Cliquez sur le bouton **Add Meter** pour ajouter un premier élément. Dans la liste qui s'affiche, choisissez **Add Active Script**. Votre premier élément apparaît sur la liste gauche.

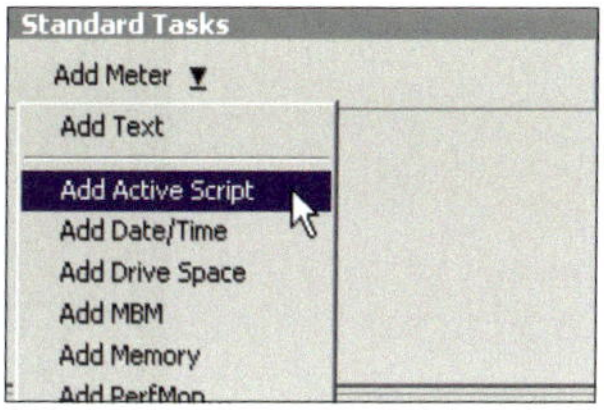

6 Vous allez le configurer. À droite, les propriétés de votre élément sont affichées. Descendez avec l'ascenseur afin de parcourir les différentes possibilités. En bas, cliquez sur la liste déroulante *Select Script*. Sur la liste des scripts disponibles, choisissez celui qui vous intéresse, par exemple *Tv_all*.

Vous avez choisi le script, il faut maintenant choisir la fonction à activer. Généralement, les scripts fonctionnent de la manière suivante : un fichier temporaire est créé pour stocker toutes les informations, puis une autre fonction est activée pour les afficher.

7 Cliquez sur la liste déroulante *Select Function to Run*, puis choisissez *WriteChannels*. C'est la fonction qui va créer le fichier temporaire.

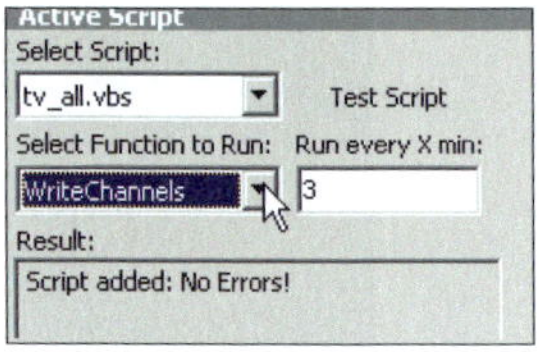

8 Ajoutez un nouvel élément comme précédemment en cliquant sur le bouton **Add Meter**. Choisissez sur la liste *Add Active Script*.

9 Dans les propriétés, choisissez le script *tv_all* et, sur la liste déroulante *Select Function To Run*, choisissez *TF1_now*. Cet élément est chargé d'afficher le programme en cours de la chaîne sélectionnée.

10 Ajoutez autant d'éléments que de chaînes désirées.

Voici un exemple du résultat :

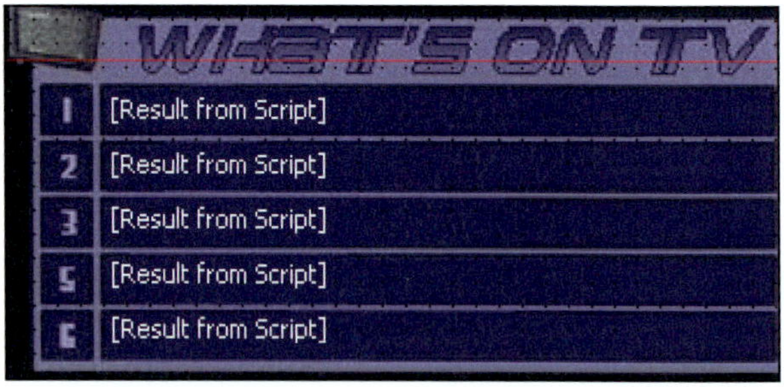

11 Enregistrez votre projet en cliquant sur le menu **File/Save as**. Laissez le répertoire donné par défaut, puis nommez le fichier. Cliquez sur **Enregistrer**. ■

Vous avez créé une interface. Vous allez voir maintenant comme la faire fonctionner.

1 Fermez le programme d'édition. Cliquez sur le menu **Démarrer/Tous les programmes**. Sélectionnez *Samurize* et cliquez sur **Client**.

2 Une icône figure alors dans la barre des tâches. Vous allez sélectionner l'interface que vous avez créée. Cliquez avec le bouton droit de la souris sur l'icône de Samurize.

3 Cliquez sur **Select Config File**. Sur la liste proposée, vous devriez voir le nom de l'interface que vous avez créée. Cliquez dessus. ■

Samurize charge alors l'interface, puis active les scripts.

Accéder aux webcams du monde entier

Saviez-vous que des webcams sont dissimulées un peu partout dans le monde. Dans les grandes villes, certains zoos par exemple en sont équipés. Vous pouvez avoir accès à ces webcams très facilement par le Net. Puisque vous utilisez l'ADSL, vous aurez peut-être envie d'avoir un gestionnaire adapté. Le logiciel Webcam Watcher vous permet de visualiser n'importe quelle webcam du monde très simplement et rapidement.

Vous pouvez télécharger ce logiciel sur le site www.clubic.com. L'installation ne pose aucun problème, lancez le programme en double-cliquant sur son icône.

1 Lorsque vous lancez le programme pour la première fois, le logiciel est inactif. Cliquez sur la liste déroulante située à droite de l'interface et choisissez *Enabled cams*. Cette option permet d'afficher les caméras actives.

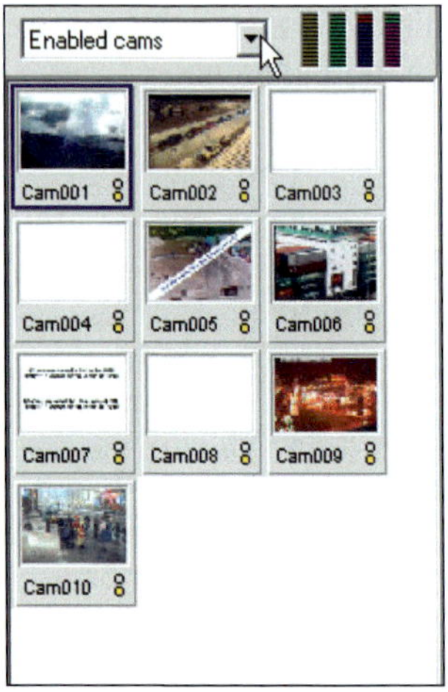

2 Cliquez maintenant avec le bouton droit de la souris sur l'icône de WebCam Watcher située dans la barre des tâches. Activez la commande **Start all webcams**.

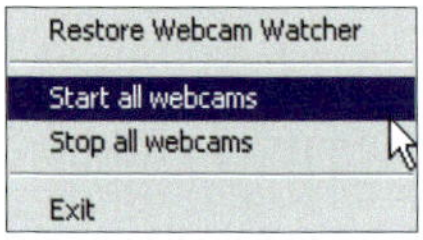

3 Vous voyez dans le programme que les vignettes en miniature de chaque caméra donnent un aperçu. Cliquez sur une vignette de votre choix pour afficher ce que filme la caméra. À chaque prise, le logiciel affiche automatiquement la nouvelle image. ■

Le coin des passionnés

Ce logiciel a une multitude d'options : vous pouvez ajouter vos propres caméras, créer une liste de favoris, etc.

Il est adapté aux utilisateurs de l'ADSL car il met à jour toutes les webcams présentes sur la liste. Si elle est importante, une bonne connexion est préférable !

Encore plus rapide que l'ADSL !

Vous vous en doutiez, l'informatique étant ce qu'elle est, s'il existe un haut débit disponible sur le marché, c'est que, en préparation, se trame un très haut débit !

L'ADSL n'est pas le moyen le plus rapide d'accéder à Internet ! Il existe en effet des moyens encore plus performants pour surfer sur le Web. Bien entendu, ces moyens sont pour l'instant très onéreux, mais il n'est pas inutile de s'informer… Vous risquez bien de les retrouver un jour ou l'autre chez vous !

La ligne Turbo-DSL

Fondée sur la même technologie que l'ADSL, la ligne Turbo-DSL n'en est en fait qu'une déclinaison, où tous les paramètres sont montés au maximum : il est possible d'atteindre des vitesses supérieures à 1 Mbps.

Les providers les plus connus proposent dans leur catalogue une offre Turbo-DSL. Généralement, les offres incluent divers services :

- une vitesse maximale de 1 ou 2 Mbps ;
- un débit garanti de quelques dizaines ou centaines de kilobits par seconde (en moyenne 128 kbps) ;

- divers services associés (adresses IP, location de routeur, etc.).

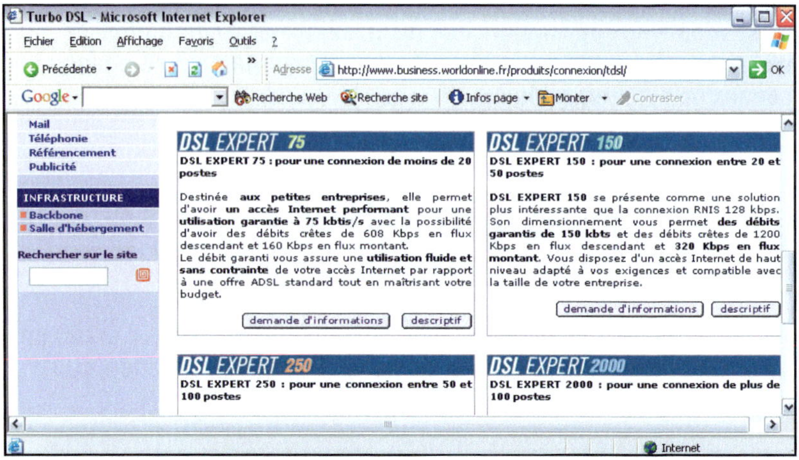

La notion de bande passante garantie est importante. Lorsque vous vous faites installer une liaison Internet, ADSL ou autre, le débit n'est donné qu'à titre indicatif : il s'agit d'un débit maximal que le matériel à votre disposition est capable en théorie de fournir. Dans la pratique, les aléas de connexion ou les saturations chez le FAI font que cette limite théorique est rarement atteinte.

Si votre FAI vous vend une bande passante garantie, il s'engage à une obligation de moyens : il dédie à votre utilisation exclusive une bande passante particulière entre votre ordinateur et leur accès à Internet.

La plupart du temps, cette bande garantie est assortie, dans un pack Turbo-DSL, d'un débit dit crête qui correspond à la limite théorique. Autrement dit, une ligne Turbo-DSL à 128 kbps garantis et une crête à 1 Mbps vous permet, dans les meilleures conditions, d'atteindre 1 Mbps, sans descendre, même dans les pires situations de saturation, à moins de 128 kbps. Cette situation est donc idéale pour les entreprises qui ont besoin d'un minimum constant pour pouvoir fonctionner, tout en appréciant les avantages apportés par une utilisation optimale de temps à autre.

Il existe une restriction toutefois : la bande passante n'est garantie qu'entre votre ordinateur et l'accès Internet du FAI. Si vous cherchez à atteindre un serveur sur Internet qui lui-même est saturé ou qui nécessite de passer par des liaisons faibles ou saturées, l'accès à cet ordinateur n'atteindra pas le débit garanti par votre ligne !

La liaison louée

Avec la liaison louée, vous passez dans une autre catégorie que l'ADSL : il s'agit toujours de transfert de données, mais, au lieu d'utiliser une infrastructure existante (réseau et standards téléphoniques), vous demandez à un prestataire de vous allouer une structure spécialement mise en place pour vos besoins.

N'allez pas croire pour autant que des ouvriers vont venir percer votre rue pour y passer un câble rien que pour vous. Dans la pratique, l'infrastructure France Telecom est utilisée, au moins pour les dernières centaines de mètres jusqu'à vos locaux.

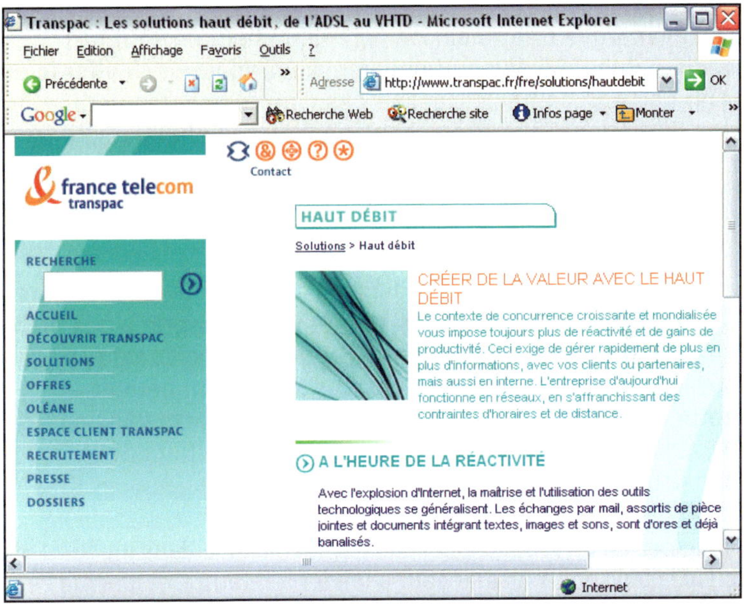

Les liaisons louées sont évidemment beaucoup trop onéreuses pour le particulier. Elles sont réservées à une utilisation professionnelle, qui dépasse même le cadre de la simple PME. Cette dernière se repliera le plus souvent sur une ligne Turbo-DSL.

En contrepartie, certaines liaisons louées offrent des performances plus qu'étonnantes : il est possible de dépasser 150 Mbps !

Les liaisons louées sont disponibles auprès de quelques gros opérateurs comme Oléane ou LDCom.

Les réseaux sans fil

Ces derniers mois, les réseaux sans fil sont devenus plus performants, notamment grâce aux avancées de l'électronique et du traitement du signal. Les prix commencent à baisser, et ces réseaux devraient devenir une alternative ou un complément intéressant aux réseaux filaires classiques.

Les avantages offerts par ce type de réseau ne sont pas négligeables. Au niveau financier, ils permettent d'éviter le prix d'un câblage coûteux. Dans le cas d'un réseau temporaire, pour des formations, des expositions ou d'autres chantiers, le temps d'installation d'une architecture câblée manque de flexibilité. Outre la mobilité qui est l'avantage principal de cette technique, l'accent est souvent mis sur la simplicité et la rapidité de configuration et d'installation du matériel.

De nombreuses applications sont envisagées grâce à la mobilité, notamment dans le milieu professionnel. Tous les métiers où le personnel est appelé à se déplacer souhaitent bénéficier de cette technologie : médecin visitant ses patients dans un hôpital, personnel des aéroports ou des chantiers de construction.

Imaginez qu'un réseau local sans fil soit installé dans un TGV : vous pouvez utiliser ce réseau pour accéder à Internet, et lorsque vous sortez de la gare, une antenne UMTS pourra prendre le relais : plus de déconnexion lors de vos déplacements !

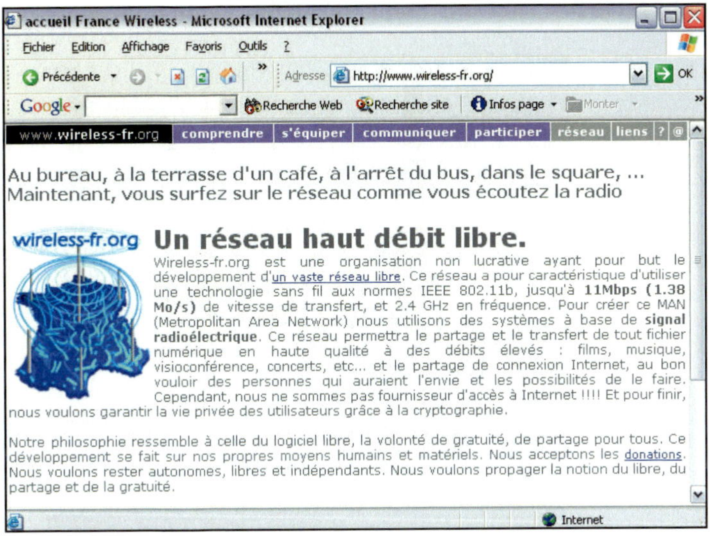

Ces applications mettront un certain temps avant d'être déployées, mais, d'un point de vue technologique, il est tout à fait possible actuellement de les réaliser. En regard des évolutions de ces dix dernières années dans ce domaine, les cinq prochaines années pourraient réserver bien des surprises.

La norme LAN IEEE 802.11 (le nom, pas vraiment porteur, a été avantageusement remplacé par Wi-Fi, abréviation de Wireless-Fidelity, qui est désormais utilisé commercialement) permet de couvrir une surface d'environ 3000 m2, ce qui correspond à un immeuble de taille moyenne. Elle tend donc à devenir la norme des années à venir pour le réseau sans fil.

Dans le cadre de l'utilisation de ce protocole WLAN, le terme « Wireless LAN » est également utilisé.

La vitesse de communication des données reste modeste : 11 Mbps. C'est moins qu'un réseau local, mais c'est bien plus qu'une liaison ADSL, et il n'y a pas de fil !

Une carte Wi-Fi standard permet d'émettre jusqu'à environ 500 m, à condition que les obstacles ne soient pas trop nombreux. Cette distance est suffisante pour de petites installations. Dans la pratique, elle est le plus souvent beaucoup moins importante.

Bien sûr, il est possible d'installer des relais qui permettent d'étendre la zone de couverture en propageant les informations de relais en relais, puis d'un ordinateur vers le relais le plus proche.

Portée maximale d'une installation sans fil, dans des conditions optimales (peu d'obstacles, terrain plat...)

Installation	Portée maximale
Carte Wi-Fi et point d'accès local	400 m
Antenne simple	Jusqu'à 3 km
Antenne amplifiée	Plus de 30 km

Quel est le lien avec votre accès ADSL ? Si les réglementations françaises s'assouplissent, vous pourrez depuis votre domicile accéder à Internet via des réseaux publics, pour peu que vous soyez à portée du réseau. Ainsi, vous pourrez accéder à des réseaux Wi-Fi sans équipement particulier, si ce n'est une carte Wi-Fi à installer dans votre ordinateur et un abonnement auprès du prestataire (les réseaux seront gérés à terme par les communes). Ce type d'installation est particulièrement attirant pour les villes hors de portée de l'ADSL, ou qui désirent utiliser d'autres structures que celles de France Telecom.

Faire grandir son réseau

En général, la première phase d'un réseau est une configuration de base, c'est-à-dire constituée d'un hub avec 8 ports, par exemple, ainsi que plusieurs postes de travail, le tout fonctionnant avec la technologie Ethernet à 10 Mbps. L'accès à Internet, par ADSL ou câble, est partagé à tous les utilisateurs du réseau.

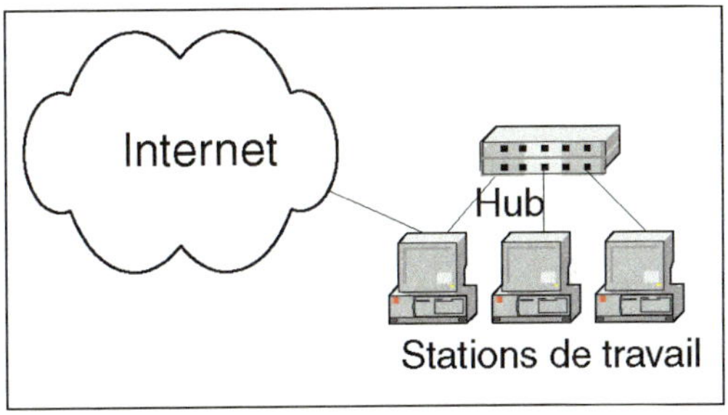

Le temps passant, de nouveaux postes peuvent être intégrés, nécessitant une extensions du réseau. L'architecture pourra alors prendre la forme suivante, avec deux hubs, et les différents postes de travail sont ainsi tous reliés au sein du même sous-réseau.

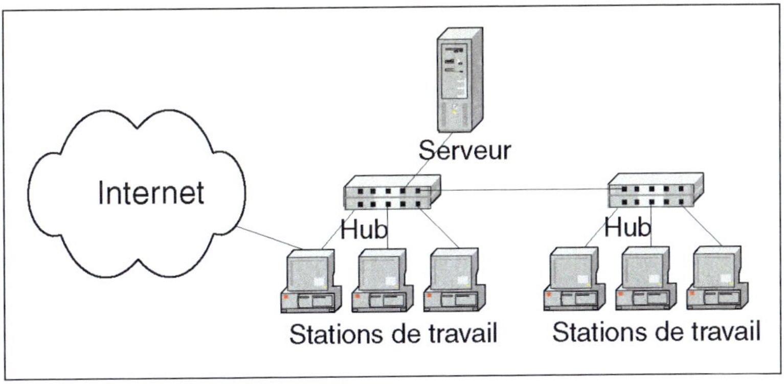

Bien sûr, il est possible d'utiliser cette configuration jusqu'à 20 à 30 postes sans trop de problèmes, dans la mesure où les applications utilisées ne sont pas trop gourmandes en bande passante. Mais il y aura toujours un moment où le réseau saturera et où ce système engendrera un blocage complet du réseau. A terme, on peut utiliser un **VLAN**.

VLAN

Les réseaux locaux virtuels (VLAN : Virtual Local Area Network) permettent de réaliser des réseaux axés sur l'organisation de l'entreprise en s'affranchissant de certaines contraintes techniques comme la localisation géographique. On peut ainsi définir des domaines de diffusion indépendamment de l'endroit où se situent les systèmes.

Autrement dit, si les personnes communiquant le plus fréquemment ensemble ne sont pas situées géographiquement dans la même zone, il est possible de reconstituer un réseau logique permettant de tenir compte de ces contraintes.

Rôle de l'administrateur réseau ?

L'administrateur réseau est celui qui est chargé de la lourde tâche de s'occuper du réseau. Cela parait simple, mais son travail regroupe beaucoup de choses, et c'est pour cela que les administrateurs sont généralement des employés débordés. En effet, l'administrateur doit :

- Surveiller et réparer les anomalies (câble coupé, serveur en panne, bug logiciel, ...)
- S'occuper de toutes les configurations, que ce soit sur les postes ou sur les éléments du réseau.
- Gérer toute la sécurité du réseau (mots de passe, firewalls...).

- Mesurer et analyser les performances du réseau.

L'administrateur réseau doit donc contrôler ce qui se passe sur le réseau pour en optimiser son fonctionnement. Il réalise la configuration des systèmes d'exploitation et veille au bon fonctionnement du matériel. Il met à la disposition des utilisateurs un environnement fiable, convivial et homogène.

Le rôle de l'administrateur du réseau est donc indissociable d'une bonne connaissance des entités contrôlées et d'une compréhension claire de la manière dont le réseau local est utilisé. Cette connaissance est nécessaire pour permettre des actions efficaces :

- réponses rapides aux questions posées par les utilisateurs
- suivi précis de l'utilisation effective du réseau
- évolution des logiciels, des matériels, des protocoles, et des applications.

Routage

Pour indiquer à un routeur les différents réseaux IP qui l'entourent, il y a deux solutions possibles : la première consiste à intégrer vous-même les différents sous-réseaux de votre réseau interne dans la table de routage (routage statique), la deuxième consiste à utiliser un protocole de routage (routage dynamique).

En effet, un réseau de taille limité, ne comprenant que deux ou trois routeurs, pourra être configuré manuellement. On appelle cela du routage statique : l'administrateur indique les routes à suivre, mais attention, en cas de reconfiguration de votre architecture, le routeur devra être reconfiguré pour prendre en compte les changements. Toutefois, si on peut atteindre des destinations uniquement au travers d'une seule route, une route statique constitue alors le meilleur choix.

La méthode utilisée pour échanger les informations et les algorithmes choisis pour optimiser les routes empruntées sont propres à chaque protocole. On sépare généralement ces protocoles en deux catégories : les protocoles de routage interne, s'appliquant à des réseaux locaux limités en taille, et les protocoles de routages externes, qui peuvent s'utiliser sur des réseaux de très grande taille comme Internet.

Sécuriser *le réseau interne*

Un serveur peut contenir des informations sensibles : si personne ne consulte régulièrement ces informations, il n'y a aucune raison de les laisser sur le serveur connecté au réseau. Il ne faut pas tenter le diable, et les informations confidentielles ne resteront sur le réseau que lorsque c'est nécessaire.

Comme nous l'avons déjà vu, deux tiers des attaques se font par virus : chaque poste doit donc disposer d'un logiciel anti-virus mis à jour régulièrement. Les fichiers les plus susceptibles d'en contenir sont bien sûr les exécutables (.com, .exe), mais également tous les documents pouvant contenir des macros, et notamment les documents Microsoft Office (Word, Excel, ...).

Tous les aspects que nous avons vu jusqu'ici permettent déjà d'assurer un minimum de sécurité sur votre réseau. La liste suivante rappelle ces différents points :

- Authentification des utilisateurs par login et mot de passe sur chaque poste de travail
- Suppression des informations confidentielles des machines reliées au réseau si elles n'ont pas besoin d'y être.

- Protection physique des machines contenant des informations sensibles et des équipements d'interconnexion (locaux fermés à clef).
- Contrôle pour l'accès aux informations sensibles, avec un compte utilisateur délivré uniquement à ceux qui en ont besoin.
- Sensibilisation des utilisateurs aux problèmes de sécurité et à la politique de l'entreprise.
- Installation d'un logiciel anti-virus à jour sur chaque poste.

Sécuriser *l'accès à Internet*

Afin d'éviter que des attaques puissent venir d'internet par le routeur, il convient d'isoler le réseau interne de l'entreprise. La méthode la plus connue est le firewall et le serveur proxy, mais d'autres méthodes existent : par exemple, sur les routeurs, il est possible de faire du filtrage de paquets ou de la translation d'adresse pour qu'une personne de l'extérieur ne puisse ni accéder, ni voir ce qu'il y a à l'intérieur.

Notons également qu'il est préférable de n'avoir qu'un seul accès à Internet : cela permet de contrôler les accès, que ce soit entrant ou sortant, et donc de les maîtriser.

Firewall

Un firewall est un système ou un groupe de système qui gère les contrôles d'accès entre deux réseaux.

Il peut se présenter sous plusieurs formes :

- Un équipement dédié : il prend dans ce cas la forme d'une « boîte noire » ayant deux interfaces pour que le trafic réseau passe systématiquement par lui.

- Un logiciel sur une station Unix ou Windows : dans ce cas, il s'agit simplement de disposer d'une station ayant deux cartes réseaux.
- Une architecture particulière : en effet, toute architecture permettant de filtrer le trafic et d'analyser les différents flux pour mettre en place une politique de sécurité peut être apparenté à un firewall, comme un simple routeur, par exemple.

Proxy

Contrairement au firewall, le serveur Proxy permet de faire le relais au niveau des applications pour rendre les machines internes invisibles à l'extérieur. Si personne à l'extérieur ne peut voir les machines internes, l'attaque est beaucoup plus difficile, car l'attaquant est aveugle !

Une des fonctions d'un serveur proxy, outre le partage d'accès Internet, est d'isoler une ou plusieurs machines pour les protéger, comme indiqué sur ce schéma suivant :

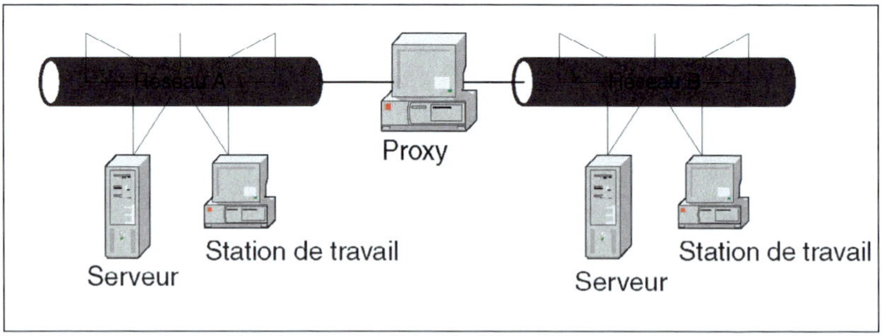

L'installation d'un Proxy est donc un procédé très intéressant en terme de sécurité : les machines sont protégées par ce serveur qui peut filtrer les requêtes en fonction de certaines règles.

Les différents modems ADSL

Il existe plusieurs types de modems ADSL. Le choix dépend de l'utilisation envisagée.

- Le modem Ethernet : premier modem à avoir été utilisé pour l'ADSL, il se connecte sur une carte réseau installée sur l'ordinateur et fonctionne à la manière d'un réseau local. Certains utilisateurs préfèrent de loin ce type d'installation car cela permet une éventuelle extension de leur réseau (plusieurs PC avec un routeur par exemple).

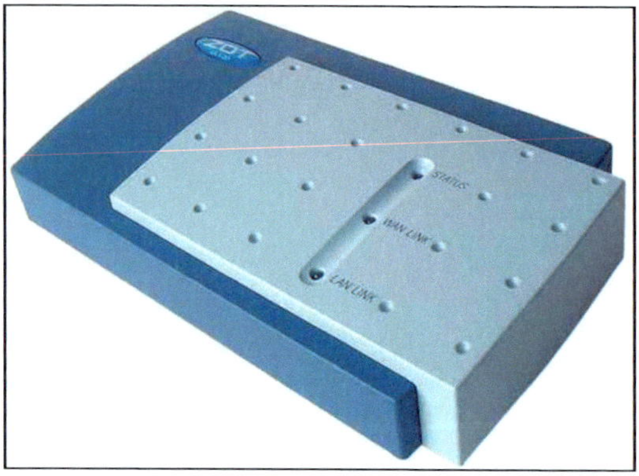

- Le modem USB : généralement vendu avec un pack, ce modem permet une installation simple et facile. Une carte réseau n'est pas nécessaire. Il se connecte directement sur l'ordinateur via son port USB. Ce modem peut depuis quelque temps être couplé à un routeur spécifique pour un partage de connexion, bien qu'il n'ait pas été prévu pour ce type d'utilisation au départ.

- La carte PCI : c'est un modem interne. Elle est très rarement proposée dans les offres ADSL, mais elle a l'avantage de faire gagner de la place, pour une installation un peu plus propre.

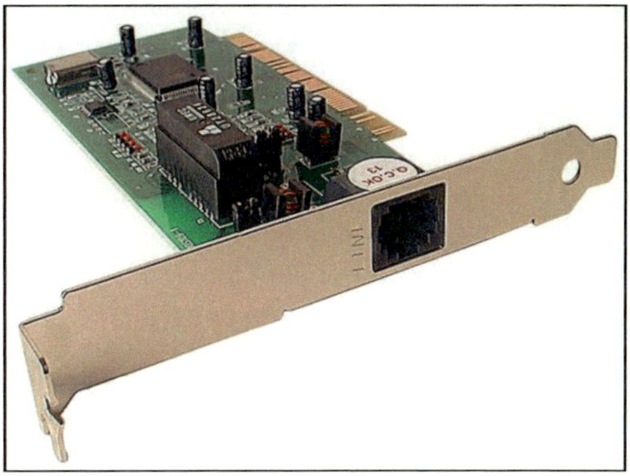

Lequel choisir ? Tous ces modems fonctionnent parfaitement bien. Il n'y a pas vraiment de différences techniques, puisque chacun doit savoir gérer le réseau ADSL de la même manière. Cependant voici quelques critères :

- Le modem Ethernet, même s'il peut être acheté, est généralement loué par France Telecom. L'avantage est que, si France Telecom décide de changer certaines caractéristiques de son réseau ADSL et si le modem doit être changé, la location vous permet de bénéficier de la nouvelle norme sans frais supplémentaires. Vous continuez à louer le modem. Dans le cas d'un achat, vous êtes obligé d'en acquérir un autre.

- Le modem USB a l'avantage d'être rapide et facile à installer. C'est pour cela qu'il est souvent proposé dans les offres ADSL. L'inconvénient est qu'il n'est pas en location. Cette option est recommandée pour la plupart des utilisateurs qui ne veulent pas une installation trop complexe.

- La carte PCI est rarement utilisée par les particuliers. Généralement installée sur des serveurs, elle offre une installation très propre, puisqu'elle est interne. Ici aussi, la location n'est pas possible.

Discuter
dans des salons publics : l'IRC

Le logiciel Mirc fait partie des clients IRC. Ces programmes permettent de se connecter sur un serveur IRC public destiné uniquement à la discussion en ligne. Plusieurs salons (*channels*) sont créés, et peuvent accueillir un nombre illimité de personnes. Discussion privée entre amis ou débat en groupe, tout est possible.

Vous trouverez Mirc à l'adresse www.mirc.co.uk.

L'installation ne pose pas de problème particulier. Pour lancer le programme, double-cliquez sur son icône.

Lorsque vous démarrez Mirc pour la première fois, la fenêtre d'options s'ouvre automatiquement.

1 Entrez vos informations personnelles. Dans le champ *Full Name*, indiquez votre nom. Faites de même pour votre e-mail. Dans le champ *Nickname*, donnez votre pseudonyme.

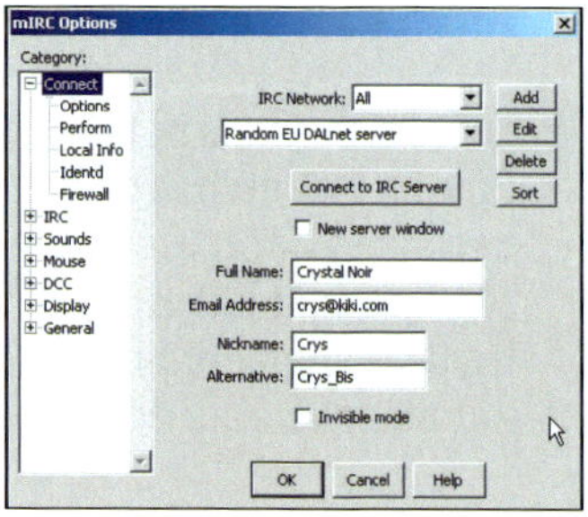

Si le pseudonyme que vous avez choisi existe déjà, le nom que vous avez entré dans le champ *Alternative* est validé.

Il faut maintenant sélectionner un serveur IRC sur lequel se connecter. Il existe une multitude de serveurs. Les plus connus sont les serveurs IrcNet.

2 Cliquez sur la liste déroulante *IRC Networks* et choisissez *Random EU IRCnet server.*

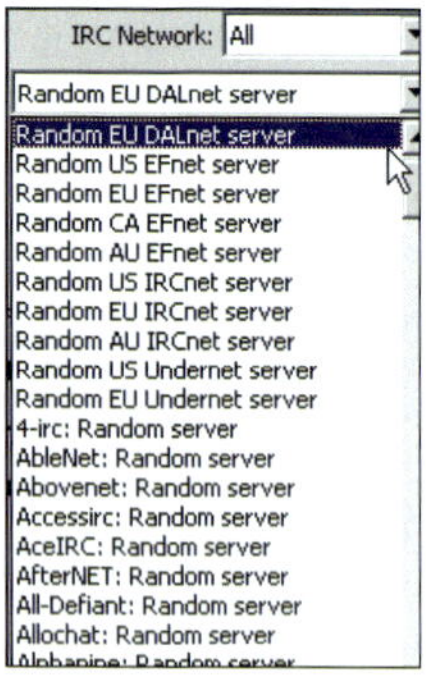

3 Cliquez sur le bouton **Connect to IRC Server**. Mirc tente de se connecter.

4 Une fois la connexion établie, la fenêtre **Mirc Channels Folder** s'ouvre. Il s'agit d'une liste de salons disponibles. Sélectionnez un salon, puis cliquez sur le bouton **Join**. ■

Vous entrez dans le salon et vous pouvez discuter.

Les utilisateurs expérimentés se servent souvent de commandes directes pour utiliser Mirc. Vous allez en apprendre quelques-unes.

La fenêtre de Mirc présente des onglets. L'un d'eux porte le nom du serveur sur lequel vous êtes connecté, les autres représentent les salons sur lesquels vous discutez.

1 Cliquez sur l'onglet de la fenêtre de commande du serveur.

2 Pour entrer par exemple dans le salon *#Test*, tapez la commande `/join #Test`. Vous rejoignez automatiquement le salon. Sachez que le nom des salons est toujours précédé d'un signe dièse sur IRC.

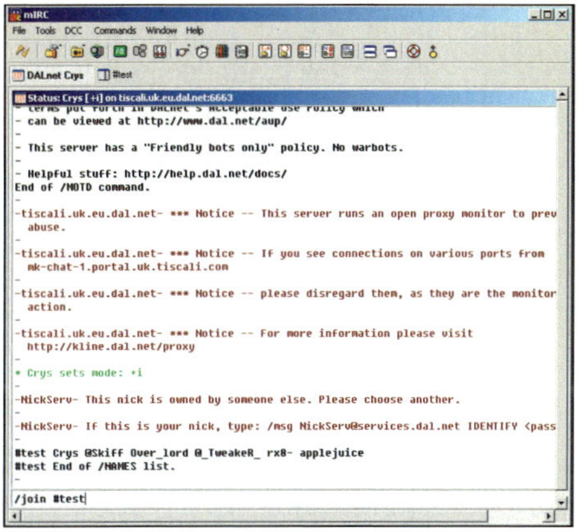

3 Dans le salon *#Test*, tapez la commande `/nick pseudo`. Cette commande vous permet de changer de pseudonyme rapidement.

4 Tapez la commande `/quit`. Mirc vous déconnecte du serveur. ■

Il existe une multitude de commandes que vous apprendrez en utilisant l'IRC. Vous pouvez par exemple devenir opérateur d'un salon : il s'agit d'un utilisateur privilégié qui a des droits d'administration. Il est alors possible d'exclure des utilisateurs indésirables ou d'activer différentes options par le biais de ces commandes.

Le protocole TCP/IP

La fonction des réseaux est de permettre à plusieurs ordinateurs de communiquer ensemble. Si les hommes communiquent entre eux grâce aux différentes langues, les ordinateurs utilisent différents protocoles. Les communications sont souvent internationales et, comme pour les hommes, il n'existe pas de protocole universel. Les protocoles sont très nombreux, chacun cherchant à imposer sa propre norme. Certains sont cependant plus utilisés que d'autres.

Les adresses IP

Une des fonctions de base d'un protocole tel que TCP/IP est d'authentifier chacune des machines connectées au réseau, afin de pouvoir passer les informations d'une machine à l'autre sans erreur !

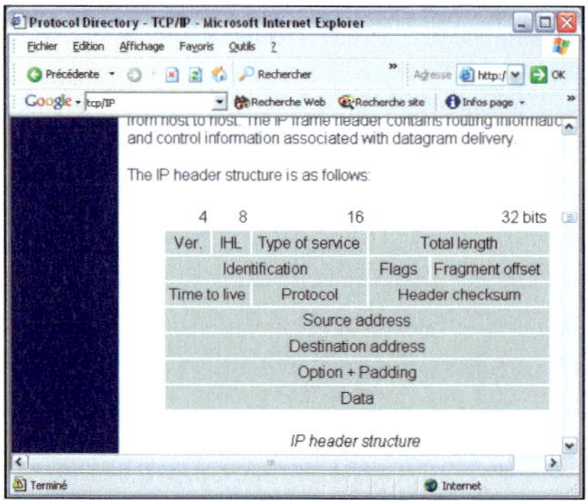

La norme IP utilise pour identifier les ordinateurs une adresse constituée d'une série de quatre nombres, chaque nombre allant de 0 à 255 (codage sur 8 bits). Par exemple, 194.15.84.128 est une adresse IP valide.

En théorie, il existe donc 255 x 255 x 255 x 255 possibilités, soit plus de 4,3 milliards d'adresses IP différentes.

Les adresses IP sont réparties sur Internet en trois classes.

Nombre d'adresses IP disponibles pour chaque classe

Classe	Masque de sous-réseau	Nombre d'adresses disponibles
A	255.0.0.0	16 millions
B	255.255.0.0	65 536
C	255.255.255.0	256

Hormis certaines multinationales et certains fournisseurs d'accès qui peuvent prétendre à un réseau de classe A ou B, les autres sont systématiquement en classe C.

Cet espace va devenir insuffisant à long terme, car beaucoup d'adresses IP sont gaspillées ou inutilisables pour diverses raisons. C'est la raison principale du développement d'IPv6, qui aura 128 bits d'espace adresse.

L'attribution des adresses IP

Chaque ordinateur sur Internet doit disposer d'une adresse IP différente. C'est pourquoi l'ensemble des adresses est géré par un organisme central, qui délivre des groupes d'adresses aux utilisateurs du réseau.

Ces adresses, délivrées sous forme de classes, peuvent accueillir un nombre plus ou moins élevé de machines selon les besoins des utilisateurs.

Plage d'adresses IP par classe d'adresses

Classe	Plage de numéros de réseau	Plage de numéros d'hôte
A	De 0 à 126	De 0.0.1 à 255.255.254
B	De 128.0 à 191.255	De 0.1 à 255.254
C	De 192.0.0 à 223.255.255	De 1 à 254

Par exemple, quand une entreprise obtient une classe C, les trois premiers nombres de l'adresse IP lui sont attribués définitivement, et l'administrateur reste libre d'utiliser n'importe quel quatrième nombre. Ainsi, il dispose de 256 adresses différentes à répartir entre les ordinateurs de son réseau, ce qui est la plupart du temps largement suffisant.

Les masques de sous-réseau

Vous avez vu qu'une adresse IP est constituée d'un numéro de réseau et d'un numéro d'hôte.

Les réseaux sont divisés en sous-réseaux, déterminés par le masque de sous-réseau. Par exemple, pour un réseau de classe C, il est courant d'utiliser l'adresse 255.255.255.0. Cela signifie que, dans l'adresse IP, la partie numéro de réseau sera constituée par les trois premiers nombres et que la partie numéro d'hôte sera le quatrième.

Le nom de domaine

Pour joindre une machine connectée à Internet, il existe deux solutions. La première consiste tout simplement à entrer l'adresse IP de la station. Dans ce cas, l'adresse IP est utilisée directement pour l'envoi de la trame IP et le message peut être acheminé jusqu'à son destinataire. Par exemple, vous pouvez taper http//212.37.212.78/ dans la barre d'adresse de votre navigateur pour arriver sur le serveur Internet de Micro Application.

Ces nombres étant peu évocateurs, une seconde méthode consiste à utiliser un nom de domaine. Ainsi, si vous tapez dans votre navigateur http://www.microapp.com, vous accédez exactement à la même page.

Les serveurs DNS (Domain Name System) permettent d'associer les noms de domaine à des adresses IP. Lorsque vous tapez http://www.microapp.com, une requête est effectuée auprès du serveur DNS sur microapp.com, qui renvoie en retour l'adresse IP 212.37.212.78.

Les noms de domaine (c'est-à-dire les noms qui apparaissent après www et qui sont suivis de .com, .fr, .org…) sont gérés par un organisme international, l'ICANN (www.icann.org), chargé de les attribuer et de garantir leur unicité dans le monde entier. Si vous possédez le domaine monnom.com, vous savez que personne d'autre sur Internet ne pourra utiliser cette adresse.

Les suffixes les plus courants des noms de domaine

Top Level Domain	Structures concernées
.com	Structures commerciales
.org	Associations et autres structures non lucratives
.net	Structures liées à Internet
.edu	Structures liées à l'éducation
.gov	Organisations gouvernementales
.mil	Organisations militaires

Aujourd'hui, le suffixe .com est le plus répandu : sur 36 millions de noms de domaine déposés à la fin de l'année 2001, 22 millions d'entre eux sont des .com.

Vérifier la disponibilité du nom de domaine

Vous ne pouvez réserver un nom de domaine que s'il n'est pas affecté. La fonction whois permet de le vérifier.

Son usage est très simple : saisissez le nom de domaine convoité (sans mettre de www. devant), puis cliquez sur OK. Le site www.gandi.net propose un whois utilisable librement en ligne.

Si le domaine est disponible, whois vous l'indique (*this domain is available*). En revanche, s'il est déjà réservé, vous pouvez connaître l'identité du propriétaire du domaine ainsi que la date d'expiration. En effet, personne n'est propriétaire à vie de son nom de domaine.

Réserver un nom de domaine

Une fois votre nom de domaine déterminé, et après avoir vérifié sa disponibilité, vous pouvez le réserver en ligne.

Cette procédure est simple et immédiate : vous n'avez besoin que d'un numéro de carte bancaire. Dans un premier temps, indiquez vos coordonnées : nom, adresse, etc. L'adresse e-mail est l'élément le plus important : c'est elle qui sera utilisée pour toutes vos correspondances avec Gandi (en particulier pour le renouvellement du nom de domaine ou pour modifier d'autres coordonnées).

Pointez le nom de domaine fraîchement créé sur le site qui vous intéresse en insérant sur le DNS de Gandi l'adresse de votre page (la vraie, pas celle avec votre nouveau nom de domaine !).

Le rôle du pare-feu

Un pare-feu (*firewall* en anglais) est un logiciel dont la tâche est assez similaire aux portes pare-feu qui se trouvent dans certains immeubles : permettre l'accès dans un sens, mais pas dans l'autre. Ainsi, vous permettez à l'utilisateur local d'accéder à Internet et de télécharger des pages, des fichiers... tout en empêchant à un intrus d'accéder aux ressources locales depuis une autre machine située sur Internet.

Il est possible de bloquer complètement l'accès ou de le restreindre à des services très précis (ftp, http...).

Pour une efficacité maximale, un pare-feu doit être non seulement un logiciel, mais aussi un composant à part entière de votre réseau : certains pare-feu se présentent comme des composants réseau (hub, routeur...) et peuvent être configurés facilement grâce à des interfaces assez simples.

Il est également possible d'utiliser un PC (il n'est pas obligatoire qu'il soit puissant, un 486 recyclé suffit), avec deux cartes réseau. Ainsi, les deux réseaux (celui qui accède à Internet et le réseau local) sont physiquement disjoints, et ne sont reliés entre eux que par le filtrage logiciel du pare-feu.

Un pare-feu personnel

Pour une utilisation personnelle, par exemple une simple machine avec un modem, il n'est pas essentiel d'installer un composant réseau à part entière ou de configurer un second PC dédié à cette tâche.

C'est pour cela que sont apparus récemment des logiciels de sécurité, qui s'installent simplement sous Windows et permettent de filtrer les données en provenance d'Internet. Ces logiciels jouent donc le rôle de pare-feu, mais ils ne peuvent pas s'appuyer sur une véritable séparation physique des deux réseaux. Leur niveau de sécurité est donc moindre.

Toutefois, la présence de ce type d'application permet d'éviter de nombreuses intrusions.

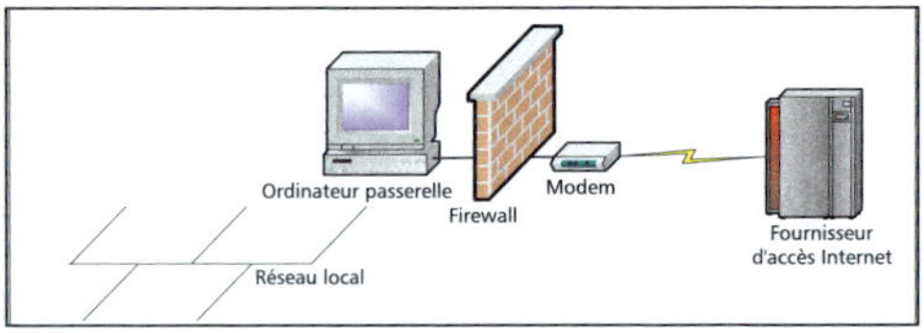

Il existe dans le commerce divers logiciels permettant de protéger vos accès à Internet :

- ZoneAlarm ;
- Norton Internet Security ;
- Sygate Personal Firewall.

Depuis Windows XP, la mise en place d'un pare-feu est encore plus simple, puisque le système est livré avec son propre système logiciel.

Ce pare-feu a été évoqué au chapitre *Le système d'exploitation et l'ADSL*.

Une protection limitée

Généralement, les pare-feu sont configurés pour protéger contre les accès non authentifiés du réseau externe. Cela empêche les pirates d'accéder aux machines du réseau interne, mais autorise les utilisateurs à communiquer librement avec l'extérieur.

En revanche, un pare-feu ne protège pas des attaques qui ne passent pas par lui. Certaines entreprises dépensent ainsi des sommes importantes pour se protéger, alors que certains de leurs employés sont parfois connectés par modem au monde extérieur.

Ainsi, un pare-feu doit être à la mesure de la politique de sécurité globale du réseau. Il ne sert à rien de mettre une porte blindée sur une maison en bois. Par exemple, un site contenant des données très sensibles n'a pas besoin d'un pare-feu : il ne devrait tout simplement pas être connecté à Internet et devrait être isolé du reste du réseau !

De même, un pare-feu ne peut rien contre des personnes malintentionnées, employées dans l'entreprise, et les statistiques montrent que la majorité des attaques dans une entreprise provient de l'intérieur.

Utiliser un pare-feu : ZoneAlarm

Le pare-feu fourni en standard avec Windows XP n'est pas le seul, loin de là, à être disponible sur le marché. D'autres logiciels, souvent plus performants, sont disponibles dans le commerce. ZoneAlarm est un des pare-feu les plus connus et reconnus.

Pour vous procurer ZoneAlarm, vous pouvez le charger directement depuis un CD fourni avec un magazine (de plus en plus de magazines proposent ce logiciel) ou le télécharger sur le site de l'éditeur (www.zonealarm.com).

L'installation de ZoneAlarm est quasi immédiate et les paramètres sont peu nombreux.

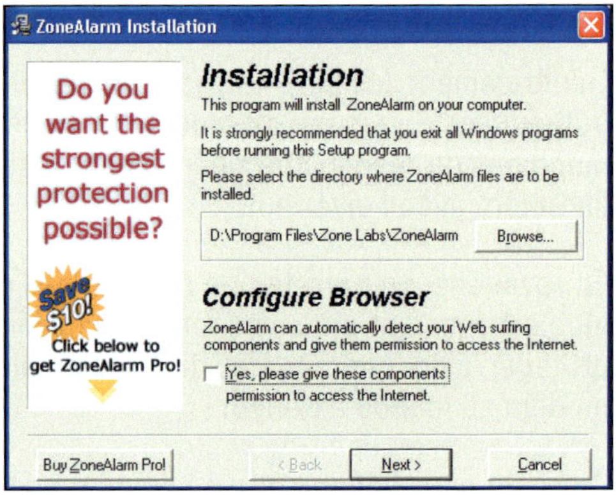

1 Cliquez sur le programme d'installation. La première boîte de dialogue apparaît.

2 Cochez la case *Yes, please give these components permission to access to Internet*. Cela entraîne la détection de tous les programmes utilisant Internet sur votre ordinateur (Internet Explorer, Outlook Express, Netscape, ICQ, Messenger...) afin qu'ils disposent d'une autorisation d'accès à Internet.

L'assistant lancé au premier démarrage de ZoneAlarm n'est pas à proprement parler un assistant vous permettant de configurer le logiciel, mais plutôt un didacticiel présentant les principales fonctionnalités du logiciel.

Chaque fenêtre représente un élément ou une fonction de ZoneAlarm.

L'une des fonctions principales de ZoneAlarm est de permettre le filtrage, application par application, de l'accès à Internet. Cela permet d'interdire cet accès à certaines applications peu sûres.

Le principe de base de ZoneAlarm est d'interdire l'accès à Internet pour toutes les applications... sauf celles qui sont listées dans la configuration du programme.

Cette liste est en permanence accessible et modifiable depuis ZoneAlarm : toute configuration n'est donc pas définitive.

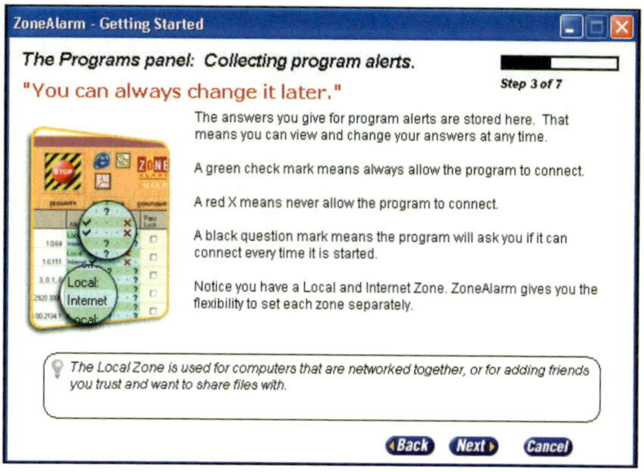

À la fin de cet assistant, ZoneAlarm est complètement opérationnel.

La fenêtre principale donne quelques informations et présente plusieurs boutons de configuration :

- **Alerts** permet de consulter le journal des alertes.
- **Lock** permet de régler le niveau de blocage.
- **Security** sert à régler le niveau de sécurité pour les deux zones gérées par ZoneAlarm, le réseau local et l'accès distant.
- **Programs** liste les programmes qui ont une autorisation d'accès à Internet.
- **Configure** permet de gérer les paramètres généraux.

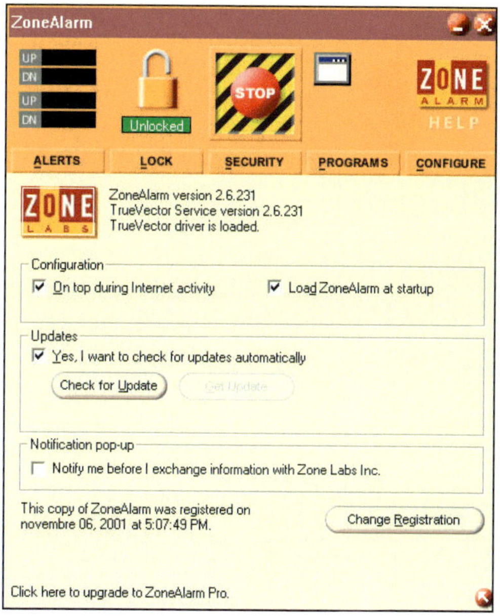

Prendre
le contrôle à distance

Maintenant que votre PC peut être connecté en permanence sur le Net, il peut être intéressant de vous y connecter à distance, depuis l'ordinateur d'un ami lui aussi relié à Internet par exemple. Pour cela, il existe des logiciels permettant de prendre le contrôle d'un PC à distance, c'est-à-dire d'effectuer des manipulations, à la souris et au clavier, au travers du réseau.

Vous allez voir l'utilisation de VNC, un logiciel permettant la mise en place de ce type de solution.

VNC est un logiciel gratuit, développé au sein d'un laboratoire de recherche, et dont la simplicité, l'efficacité... et le prix l'ont rendu populaire.

Vous pouvez télécharger ce logiciel à l'adresse www.uk.research.att.com/vnc/.

L'installation de VNC est très simple.

1 Double-cliquez sur *Setup.exe* dans le répertoire *WinVNC*, qui est la distribution VNC adaptée à Windows. Cliquez ensuite sur **Next** à chaque étape pour lancer l'installation à proprement parler.

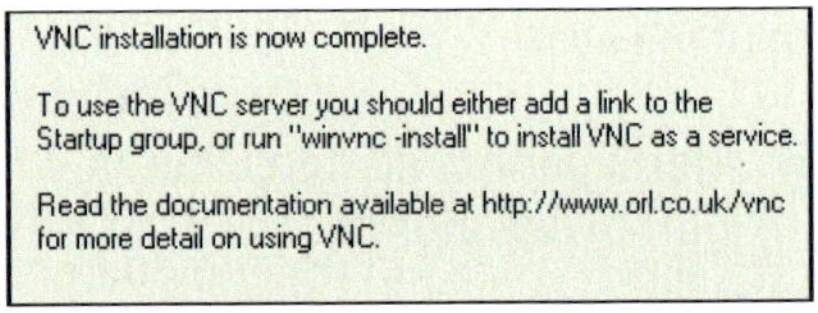

À l'issue de l'installation, une boîte de dialogue vous explique comment installer votre serveur VNC de manière à ce qu'il se lance automatiquement à chaque démarrage.

2 Placez le programme dans le dossier *Démarrage* du menu **Démarrer**.

3 Pour lancer VNC côté serveur, sélectionnez la commande **Run WinVNC (App Mode)**.

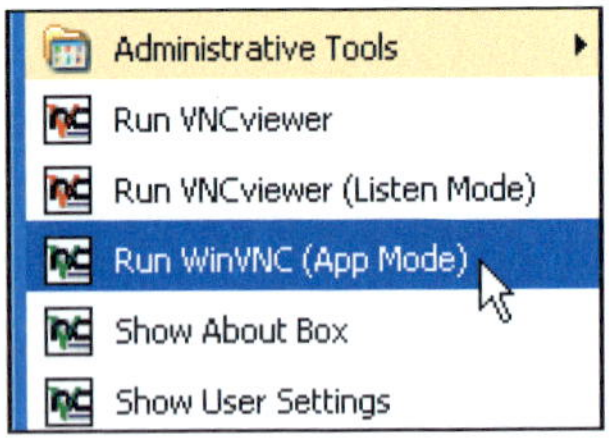

Lors du premier lancement du serveur, une boîte de dialogue vous permet de configurer VNC.

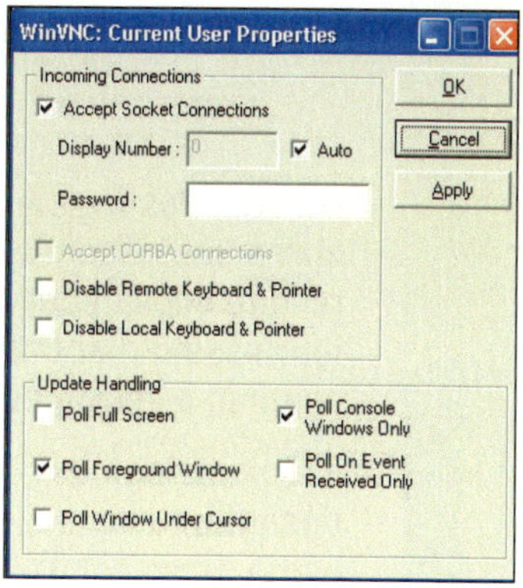

Certains paramètres sont intéressants.

- *Password* : permet de définir un mot de passe restreignant l'accès au serveur VNC.
- *Disable Remote Keyboard and Pointer* : le client qui se connectera à ce serveur ne pourra qu'observer les manipulations à distance, sans pouvoir intervenir.

4 Cliquez sur OK pour confirmer vos paramètres.

Le serveur VNC est lancé. Une icône apparaît dans la zone de notification, à côté de l'heure.

5 Pour fermer le serveur, cliquez avec le bouton droit de la souris sur cette icône et sélectionnez la commande **Close VNC**.

Un client VNC est un simple exécutable sans installation particulière : allez simplement dans **Démarrer/Tous les programmes/VNC/Run VNCViewer**.

Seule contrainte pour se connecter à un serveur VNC : connaître son adresse IP. Il s'agit de l'adresse affectée à votre ordinateur par le FAI.

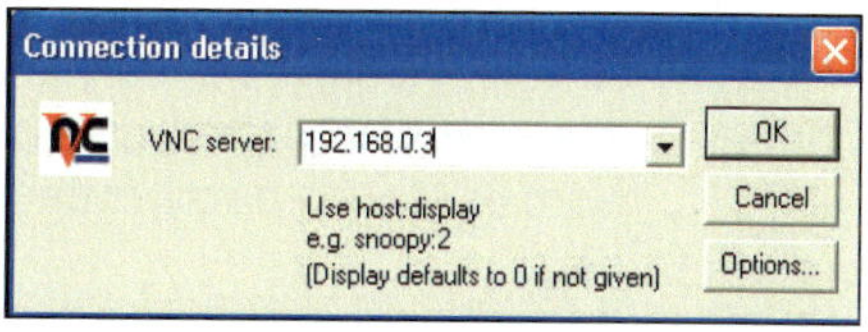

Au bout de quelques instants, vous voyez apparaître dans une fenêtre l'écran complet tel qu'il est visible au même moment sur l'autre ordinateur.

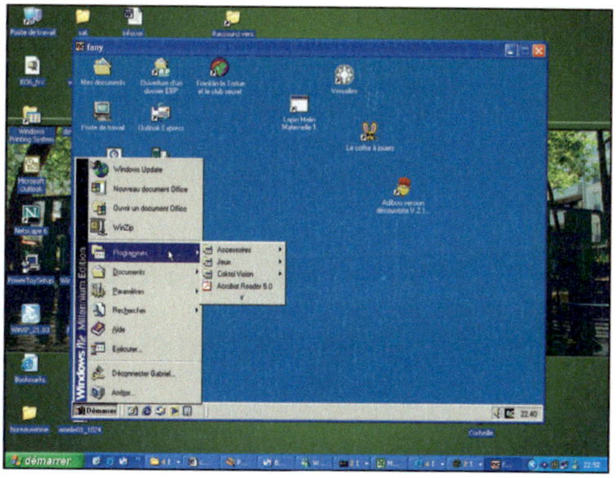

Se reconnecter rapidement à Internet

Il existe des logiciels qui permettent de se reconnecter directement après une déconnexion. En effet, Il arrive que des microcoupures réseau vous déconnectent sans raison, quand ce n'est pas le fournisseur d'accès lui-même ! Or, en particulier si vous hébergez un serveur, il est impératif que votre connexion soit permanente.

Grâce au logiciel ADSL Auto Connect, vous allez oublier ces désagréments.

Vous pouvez le télécharger à l'adresse www.adslautoconnect.net/. L'installation est simple :

1 Double-cliquez sur le fichier téléchargé. Une présentation du logiciel s'affiche. Descendez à l'aide de l'ascenseur situé à droite et cliquez sur le bouton **Continuer**.

2 La boîte de dialogue suivante présente les conditions d'utilisation du logiciel. Lisez le document et cliquez sur le bouton **J'accepte**.

3 L'installation commence. Cliquez sur **Suivant**. Configurez l'accès à Internet. Vous avez besoin de votre identifiant et de votre mot de passe. Renseignez les champs *Nom* et *Mot de passe* correctement, puis cliquez sur **Suivant**.

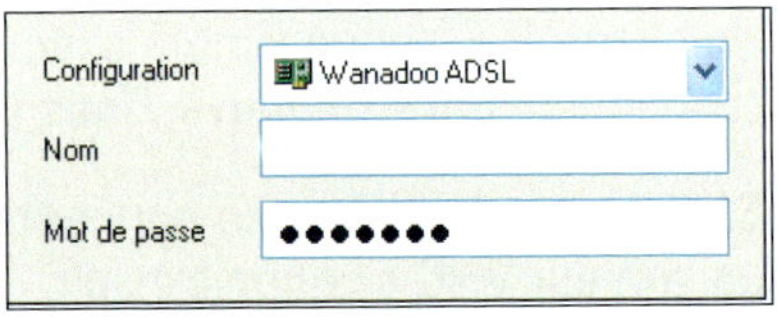

4 Déroulez la liste *Mode de démarrage* et choisissez l'option qui vous convient.

- *Manuel* vous permet de lancer vous-même la connexion à Internet.
- *Automatique* initialise une connexion à Internet à chaque démarrage de l'ordinateur.
- *Désactivé* désactive totalement l'utilisation du programme.

5 Cliquez sur **Suivant**, puis sur **Installer**. ■

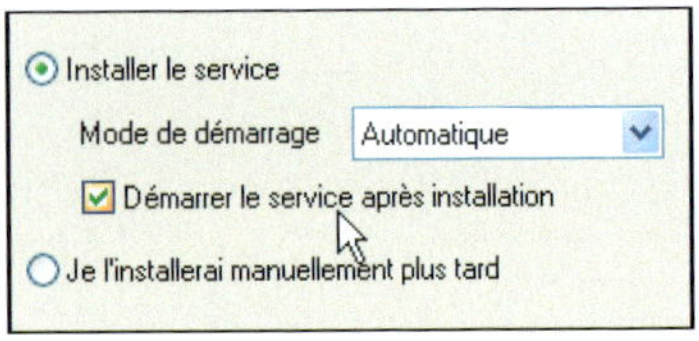

Fiche pratique 8

Lancez le programme une fois l'installation terminée. Vous devriez voir la fenêtre principale et la palette de transfert.

La palette de transfert contient des graphiques qui montrent l'activité du réseau. Vous allez configurer quelques options :

1 Cliquez sur le bouton **Préférences** dans la fenêtre principale.

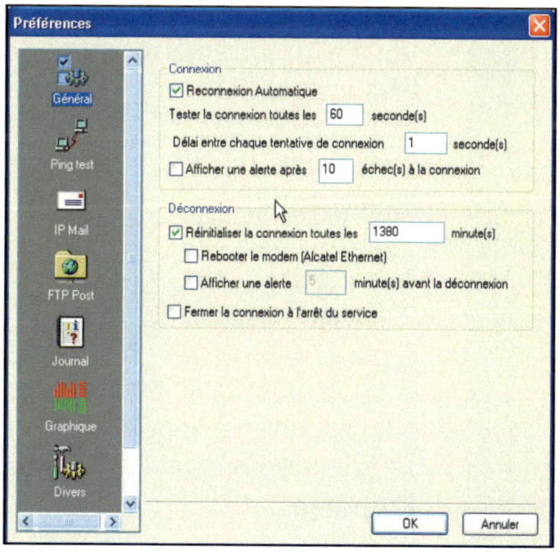

2 Sous l'onglet **Général**, cochez la case *Reconnexion Automatique*. Dans le champ *Délai entre chaque tentative de connexion*, tapez 1. Si vous vous déconnectez, le programme tentera une reconnexion.

3 Cochez la case *Tester la connexion toutes les 60 secondes* pour activer le processus de reconnexion automatique en cas d'instabilité du réseau.

4 Cochez la case *Réinitialiser la connexion* toutes les 1380 minutes. Il arrive souvent qu'une microcoupure survienne après 24 heures de connexion continue. Cette option permet de réinitialiser la connexion après 23 heures de connexion.

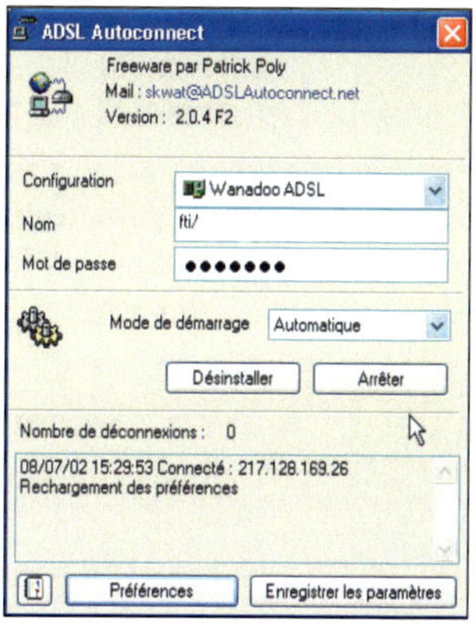

5 Cliquez sur OK.

6 Dans la fenêtre principale du programme, cliquez sur **Enregistrer les paramètres**, puis démarrez votre connexion en cliquant sur **Démarrer**. ■

Votre connexion Internet démarre. En cas de déconnexion, vous serez reconnecté automatiquement.

Partager une connexion Internet

Le partage de connexion permet aux autres utilisateurs du réseau local de pouvoir se connecter à Internet. Le partage proposé par Windows est un outil utile et peu coûteux.

Pour effectuer le partage de votre connexion à Internet, vous devez d'abord configurer un réseau local. Si votre connexion utilise un modem Ethernet, vous avez déjà une carte réseau. Vous devez en ajouter une.

Vous allez paramétrer un partage de connexion à Internet sous Windows XP :

1 Cliquez sur le menu **Démarrer**, puis sélectionnez **Panneau de configuration**.

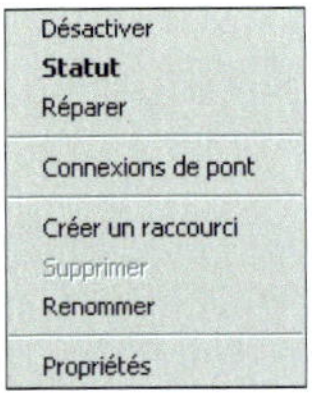

2 Double-cliquez sur l'icône *Connexion réseau*. La fenêtre de gestion du réseau s'ouvre.

3 Cliquez avec le bouton droit de la souris sur la ligne correspondant à votre réseau local. Dans cet exemple, il se nomme *Routeur*. Dans le menu contextuel, choisissez **Propriétés**.

Vous allez configurer l'adresse IP de votre carte. Cette adresse permet de vous identifier au sein du réseau.

4 Double-cliquez sur *Protocole Internet (TCP/IP)*.

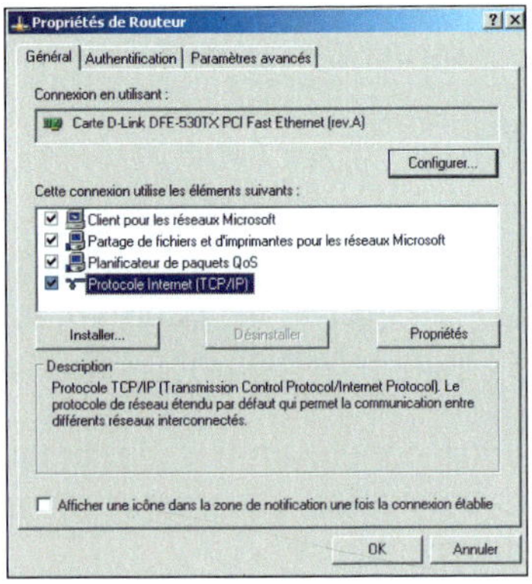

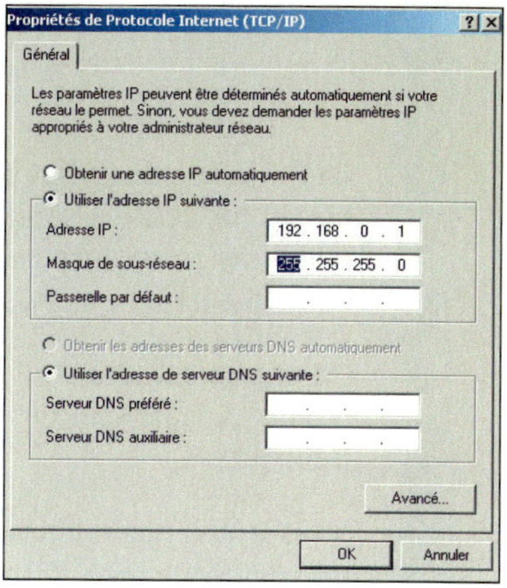

5 Cochez la case *Utilisez l'adresse IP suivante*. Dans le champ *Adresse IP*, tapez 192.168.0.1. Dans ce cas précis, le système vous oblige à avoir cette adresse IP. Pour le masque de sous-réseau, tapez 255.255.255.0.

6 Cliquez deux fois sur OK. Procédez de même pour les ordinateurs composant votre réseau local, mais au lieu de taper l'adresse IP comme précédemment, activez l'option *Obtenir une adresse automatiquement*.

7 Sur l'ordinateur utilisé pour la connexion Internet, ouvrez la fenêtre des connexions réseau. Cliquez avec le bouton droit de la souris sur la ligne qui désigne votre connexion Internet, ici *Wanadoo*. Choissez dans le menu la commande **Propriétés**.

8 Cliquez sur l'onglet **Avancé**. Cochez la ligne *Autoriser d'autres utilisateurs du réseau à se connecter via la connexion Internet de cet ordinateur*.

9 Vous pouvez autoriser les utilisateurs de votre réseau à contrôler cette connexion. Cochez *Etablir une connexion d'accès à distance chaque fois qu'un ordinateur de mon réseau tente de se connecter à Internet*.

10 Cochez *Protéger mon ordinateur et le réseau en limitant ou interdisant l'accès à cet ordinateur à partir d'Internet* pour activer le pare-feu.

11 Cliquez sur OK. Redémarrez tous les ordinateurs du réseau. ■

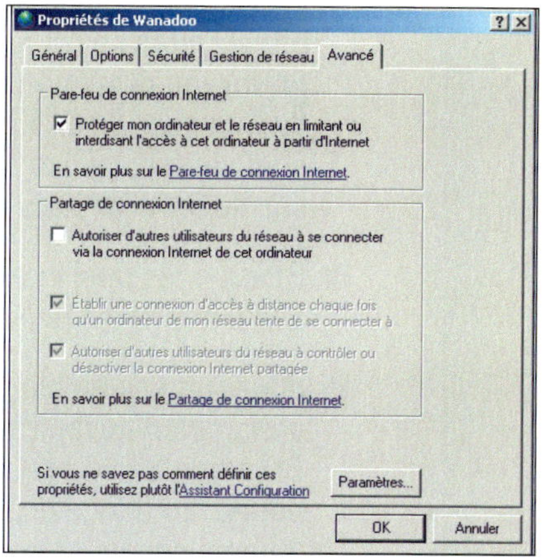

La navigation avec Avant Browser

Avant Browser est un petit navigateur web très simple d'utilisation et personnalisable à souhait. Il intègre certaines fonctions intéressantes comme la fermeture des popups, la recherche sur Google intégrée dans la barre de menus ou la navigation par tabulations.

Un popup est une fenêtre publicitaire tels que des bannière ou des menus qui jaillissent n'importe où à l'écran à l'ouverture d'une page Internet.

Vous trouverez la dernière version de Avant Browser sur le site officiel : www.avantbrowser.com dans la rubrique *Download*.

Les options d'Avant Browser

Avant Browser offre de nombreuses options de configuration, accessibles à l'aide du bouton **Outils** de la barre des tâches du logiciel. Voici quelques options très utiles :

- Supprimer : vous permet soit de supprimer les adresses Internet visitées, les cookies, ou encore les fichiers temporaires selon vos préférences ou bien de tout supprimer d'un seul coup en cliquant sur **Supprimer tout**.

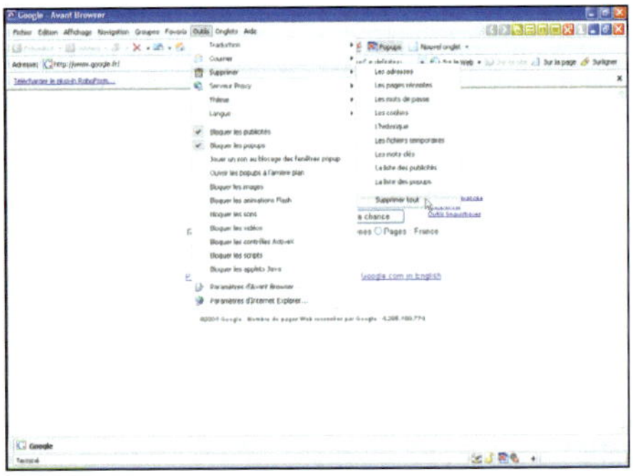

- Bloquer les publicités et les popups : permet de stopper les publicités et les popups des pages Internet.
- Jouer un son au blocage des fenêtres popups : Décocher cette option peut devenir intéressant si vous trouvez que votre Avant Browser fait un peu trop de bruit lors du blocage de chaque popup. En effet, les pages web contiennent bon nombre de popups gênant souvent la navigation.

Les astuces

Avant Browser vous permet d'ouvrir plusieurs pages Internet et les classe automatiquement sous forme de bouton dans une barre d'état en bas de la fenêtre du logiciel.

Vous pouvez retourner à la page précédente en gardant le bouton droit de la souris enfoncé et en cliquant sur le gauche. Vous pouvez passer à la page suivante en gardant le bouton gauche de la souris enfoncé et en cliquant sur le droit.

En bas de la barre des tâches d'Avant Browser, vous apercevez une petite icône bleue avec une croix rouge à l'intérieur ainsi qu'un chiffre à droite de cette icône. Ce chiffre représente le nombre de popups bloqués au cours de la navigation.

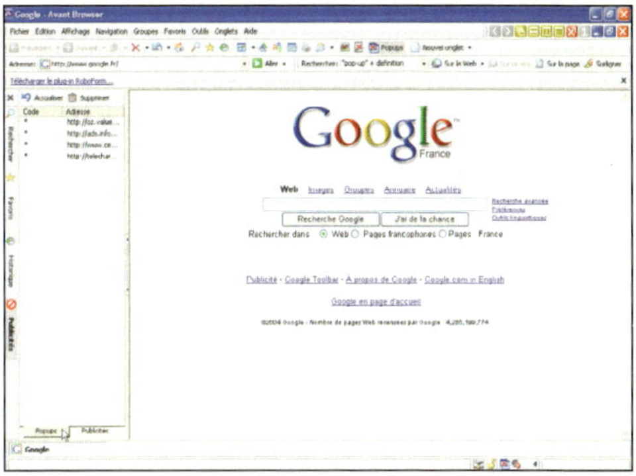

Cliquez sur l'icône bleue et rouge représentant les popups bloqués pour avoir à l'écran le détail de ceux-ci. Une fenêtre verticale s'ouvre alors sur la gauche de votre navigateur.

Le bouton **Popups** vous montre en détails tous les popups stoppés et le bouton **Publicités** vous donne le détail des publicités bloquées par Avant Browser.

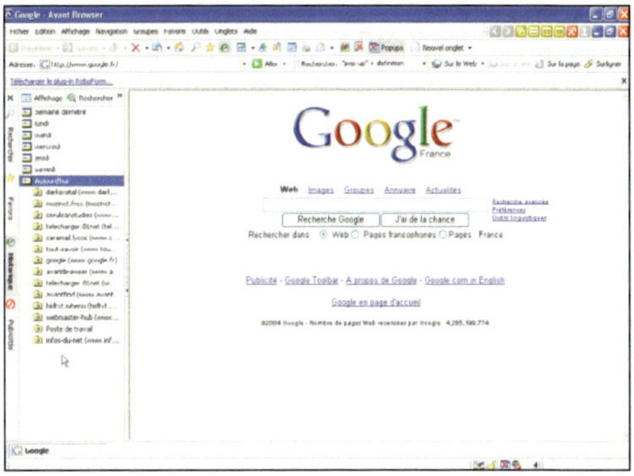

Les boutons verticaux **Rechercher**, **Favoris**, **Historique** et **Publicités** vous permettent de revenir à des pages visitées ou de faire des recherches rapides et simples. Un gain de temps très appréciable pour tous les internautes qui utilisent ce petit logiciel.

Le paramétrage avancé d'un routeur ADSL

Vous avez vu comment installer un routeur et comment paramétrer le réseau. Vous allez configurer de manière un peu plus approfondie votre routeur. Vous apprendrez ici à utiliser quelques fonctionnalités intéressantes. Vous allez suivre l'exemple d'un routeur D-Link DI604.

1 Démarrez Internet Explorer, puis entrez l'adresse `192.168.0.1` dans la zone correspondante.

2 Entrez votre nom d'utilisateur et votre mot de passe. Vous accédez au panneau de configuration du routeur. Cliquez sur l'onglet **Advanced**.

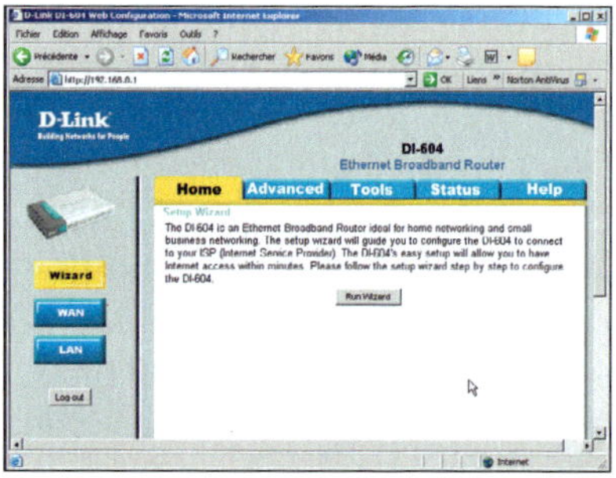

Vous êtes dans le panneau de configuration des serveurs virtuels. Vous pouvez paramétrer différents serveurs, puis les activer ou non. Vous souhaitez mettre en place un serveur web particulier.

Le routeur est configuré pour bloquer toute entrée inconnue.

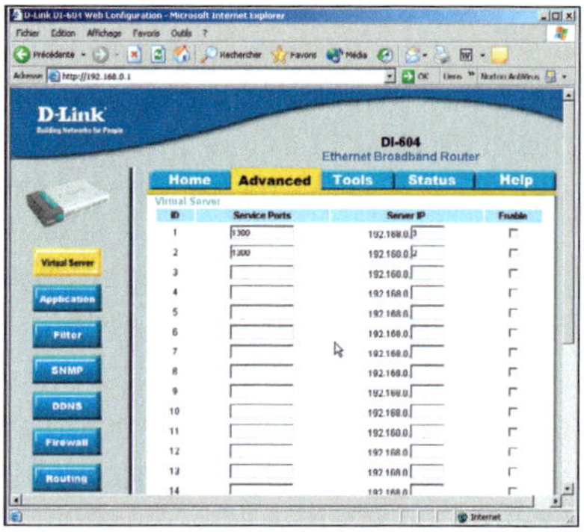

3 Indiquez au routeur quel port utilise votre serveur et quel PC de votre réseau l'héberge. Ici, un serveur est configuré sur les PC du réseau d'adresse IP 192.168.0.2 et 192.168.0.3 sur le port 1300.

4 Cliquez sur le bouton **Apply** en bas de la liste pour enregistrer la configuration.

5 Cliquez maintenant sur le bouton **DDNS**.

Cette fenêtre vous permet d'utiliser les services du site Internet DynDns (www.dyndns.org) qui vous attribue une adresse plus parlante que votre adresse IP.

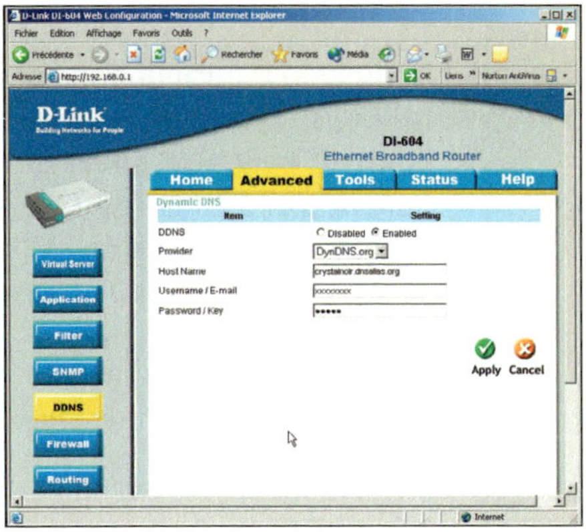

C'est pratique si vous jouez souvent sur Internet et si vous hébergez des serveurs de jeux. Vous avez alors une adresse du type nom.dnsalias.org. Normalement, vous devez télécharger un programme qui se charge de mettre à jour le DDNS en fonction de votre adresse IP.

6 Cliquez sur l'option *Enabled*. Entrez votre adresse, votre nom d'utilisateur et le mot de passe que le site vous a attribué lors de votre enregistrement. Cliquez sur le bouton **Apply** pour que le routeur enregistre les paramètres.

7 Cliquez sur le bouton **Firewall**. Ici, vous pouvez configurer le comportement du routeur :

8 L'option *Allow all traffic to pass except those that match the following rules* demande au routeur d'autoriser toutes les communications, sauf celles qui sont mentionnées sur la liste au-dessous. Sur cette liste, entrez les adresses IP et les ports que vous voulez interdire.

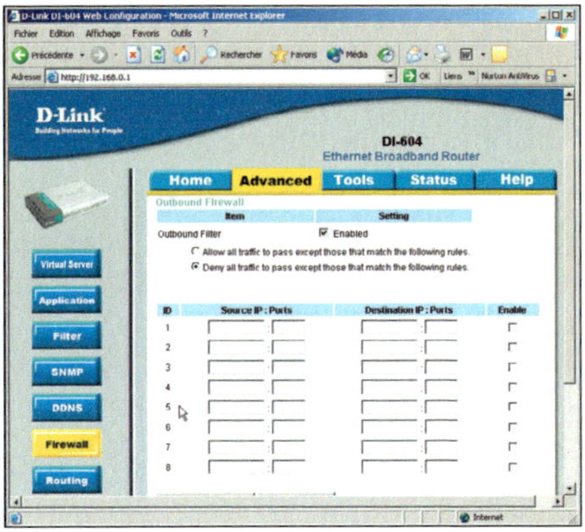

9 L'option *Deny all traffic to pass except those that match the following rules* demande au routeur d'interdire tout traffic, excepté ceux qui sont mentionnés sur la liste. ■

Si vous ne donnez aucune adresse IP et aucun port, le routeur interdit ou autorise toutes les communications (selon l'option qui est cochée).

Accéder à un ordinateur via une adresse IP dynamique

L'adresse IP permet de vous identifier sur le réseau. À chaque nouvelle connexion, cette adresse change. Si vous jouez souvent sur Internet, cela peut poser un problème, car vous devez à chaque fois donner à vos amis votre nouvelle adresse IP pour leur permettre de se connecter chez vous. Il existe une solution qui permet d'avoir une seule adresse. Certains services sont gratuits. Vous pouvez donner une adresse unique, qu'un serveur distant se chargera de mettre à jour automatiquement selon l'adresse IP que vous possédez. Il s'agit en quelque sorte d'une redirection.

Par exemple, l'adresse IP donnée ici par le fournisseur d'accès est 193.252.148.15.

Vous allez utiliser les services de DynDns. Ce site web permet de transformer une adresse IP en adresse fixe et définitive. Vous pouvez donner cette adresse à vos amis ; pour eux, elle ne changera jamais.

Dans un premier temps, rendez-vous sur le site de DynDns, à l'adresse www.dyndns.org. Suivez les instructions pour créer un compte gratuitement et vous créer un alias.

1 Indiquez votre adresse fixe, par exemple `crystalnoir.dnsalias.com`.

2 Téléchargez le programme de mise à jour automatique disponible sur le même site. Pour l'installer, décompressez les fichiers à l'aide d'un logiciel comme WinZip.

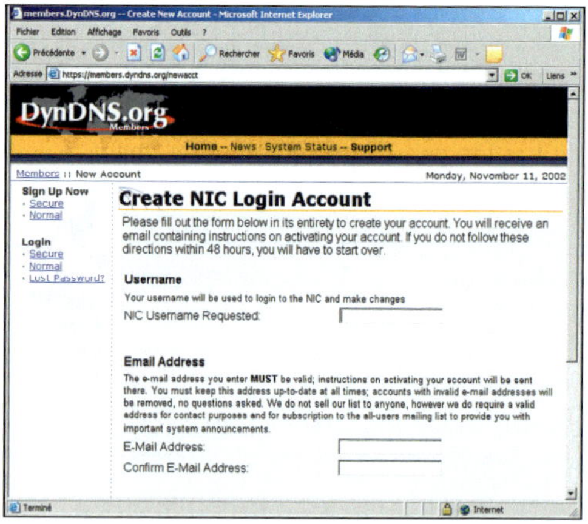

3 Lancez le programme. Une icône figure dans la barre des tâches.

4 Cliquez avec le bouton droit de la souris sur cette icône. Un menu contextuel se présente. Sélectionnez la commande **Accounts**.

5 Dans la boîte de dialogue, configurez le compte que vous avez créé sur le site. Cliquez sur la liste déroulante *Server* et sélectionnez le suffixe que vous avez choisi lors de l'inscription. Dans cet exemple, il s'agit de *dnsalias.com*.

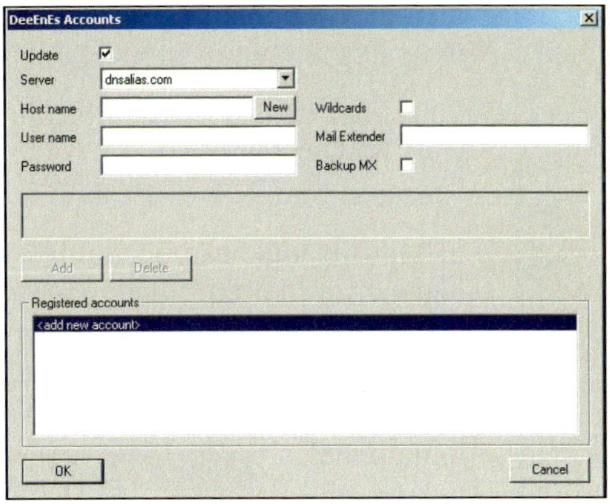

6 Dans le champ *Hostname*, tapez le nom de votre alias. Ici, il s'agit de `crystalnoir`. Entrez ensuite le mot de passe que vous lui avez associé.

7 Cochez l'option *Update* et cliquez sur le bouton **Update**. ■

Le programme vous informe que votre adresse IP a été envoyée avec succès. Si vous souhaitez, par exemple, jouer sur Internet avec vos amis, vous pouvez leur donner votre alias (dans cet exemple, crystalnoir.dnsalias.org) au lieu de votre adresse IP.

Héberger
un serveur HTTP

Votre accès permanent à Internet vous permet d'héberger un serveur HTTP. Vous allez ainsi pouvoir publier diverses informations qui pourront être consultées depuis n'importe quel ordinateur connecté au Net.

À la base, un serveur HTTP est en effet prévu pour diffuser sur le réseau des documents de types pages web, c'est-à-dire des fichiers HTML associés à des images, des sons, etc. Il est également possible maintenant d'intégrer à un site web de véritables programmes, écrits dans des langages spécifiques. PHP est l'un d'entre eux.

Vous allez utiliser Easy PHP, que vous pouvez télécharger à l'adresse http://www.easyphp.org.

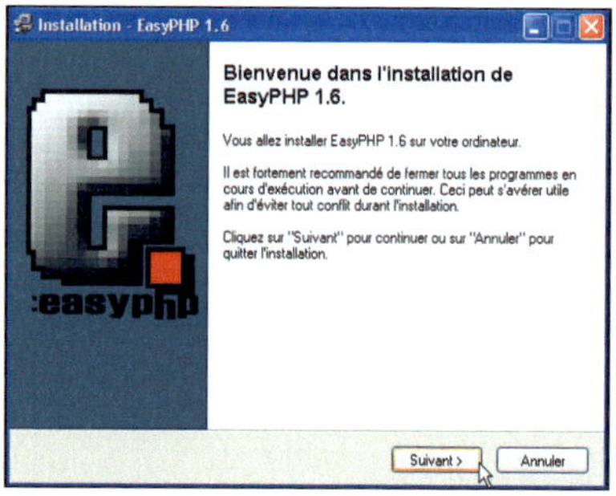

Installez le logiciel, puis double-cliquez sur le programme pour le lancer. Une icône figure dans la barre des tâches : Easy PHP est lancé et prêt, le serveur est fonctionnel.

Utilisation du serveur

Vous allez étudier maintenant son fonctionnement et ses paramètres :

1. Cliquez avec le bouton droit de la souris sur l'icône d'Easy PHP.
2. Sélectionnez la commande **Configuration**. ■

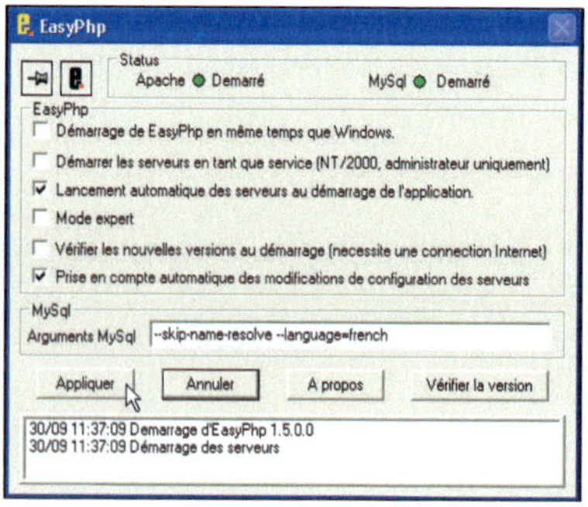

Dans la partie supérieure de la fenêtre, le statut d'Easy PHP est indiqué. Vous pouvez voir si les serveurs sont démarrés.

L'option *Démarrage de Easy PHP en même temps que Windows*

Fiche pratique 13

vous permet de démarrer le programme au lancement du système. Cette option est pratique si vous désirez rendre votre serveur disponible en permanence.

1 Cochez la case *Prise en compte automatique des modifications de configuration des serveurs*. Si vous changez quelques paramètres alors que les serveurs sont lancés, Easy PHP se charge de les réinitialiser automatiquement.

2 Cliquez sur **Appliquer**, puis sur **Fermer**.

Mise en place du site

Vous allez mettre en place les fichiers constituant votre site dans le répertoire *C:\Program Files\Easy Php\www*.

Pour avoir accès à ces pages, procédez ainsi :

1 Cliquez avec le bouton droit de la souris sur l'icône d'Easy PHP.

2 Choisissez la commande **Web local**.

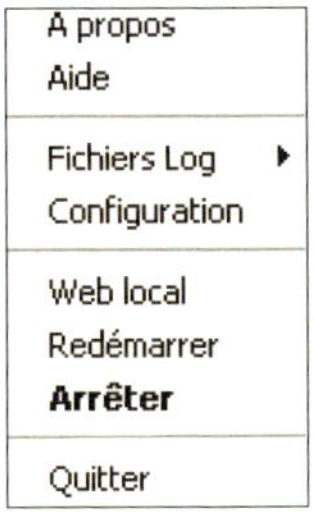

Le navigateur démarre et charge votre site. Vous pouvez alors le personnaliser. Le serveur web ainsi installé permet de gérer :

- divers documents statiques (pages HTML, images…) ;
- des pages écrites avec le langage PHP ;
- des données stockées dans une base nommée MySQL.

Les pages sont stockées dans *C:\Program Files\Easy Php\www*. Vous pouvez partager ce répertoire sur le réseau, par exemple pour faciliter la mise à jour du site.

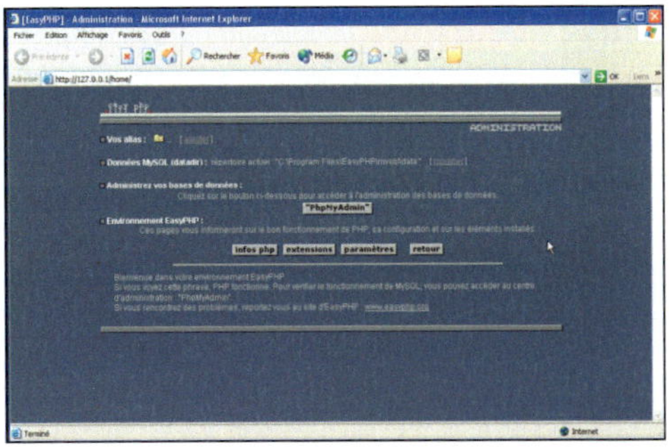

Sachez enfin qu'Easy PHP inclut également une base de données MySQL, que vous pouvez administrer en choisissant la commande **Administration** au lieu de **Web local**.

Héberger
des données avec FTP

Il peut être pratique de partager vos données via un serveur FTP si vous devez échanger des fichiers volumineux. Vous allez apprendre ici à utiliser Serv-U, un logiciel qui vous permet d'héberger un serveur FTP et de le paramétrer.

Vous trouvez ce programme à l'adresse www.clubic.com. Ce site contient une base riche en programmes de ce genre.

1 Lancez Serv-U en double-cliquant sur son icône. Lorsque vous lancez le programme pour la première fois, un assistant démarre. Après avoir lu la page de présentation, cliquez sur le bouton **Next**.

2 Dans la fenêtre suivante, laissez l'option par défaut et cliquez sur **Next**.

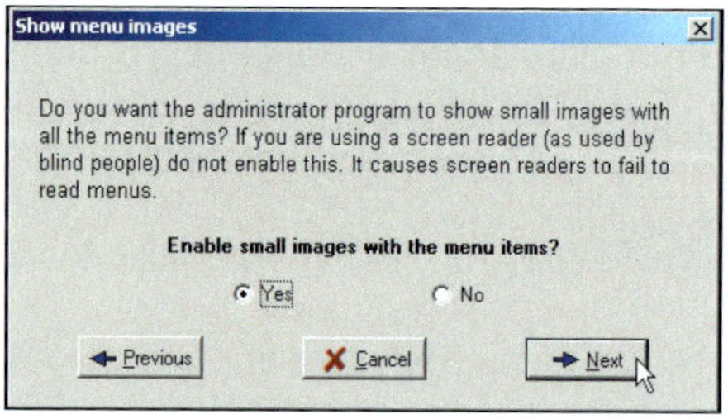

3 Le programme vous propose de connecter le serveur FTP. Acceptez en cliquant sur **Next**.

4 Après un court instant, Serv-U vous demande l'adresse IP de votre ordinateur. Laissez ce champ vide puisque votre adresse change à chaque connexion à Internet. Une fois le serveur configuré, il ira la chercher automatiquement. Cliquez sur **Next**.

5 Nommez votre serveur et cliquez sur **Next**.

6 Le logiciel vous demande si vous voulez autoriser les connexions anonymes. Si vous acceptez, un internaute pourra se connecter à votre serveur sans nom d'utilisateur et sans mot de passe. Cliquez sur **Next**.

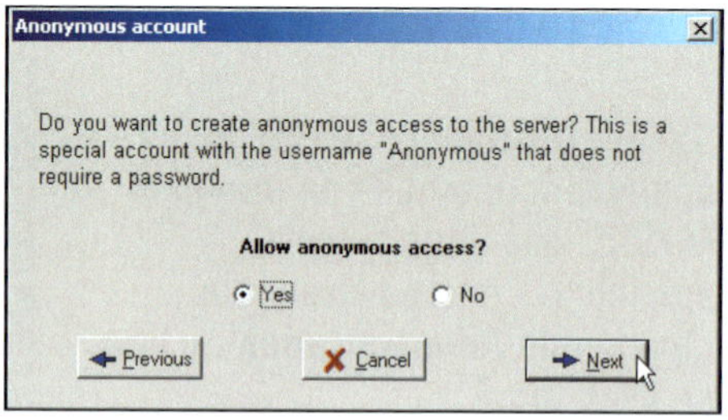

7 Dans la fenêtre suivante, indiquez le répertoire de votre disque dur dans lequel les utilisateurs pourront télécharger vos données. Il est conseillé de créer un répertoire qui ne servira que pour le serveur. Ainsi, vous centralisez vos données à un endroit auquel les utilisateurs peuvent accéder. Cliquez sur **Next**.

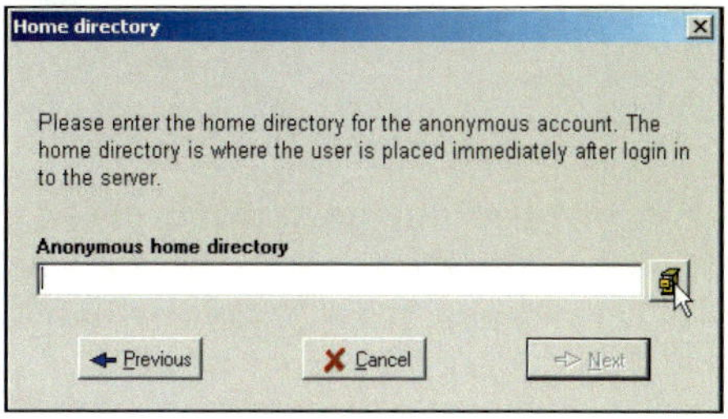

8 Dans la fenêtre suivante, laissez l'option par défaut et cliquez sur **Next**.

9 Serv-U vous propose ensuite de créer des comptes utilisateurs. Acceptez en cliquant sur l'option *Yes* et cliquez sur **Next**.

10 Créez un compte utilisateur que vos amis pourront utiliser pour se connecter à votre serveur. Commencez par donner un nom à votre compte. Ce nom servira de nom d'utilisateur pour la connexion au serveur. Cliquez sur **Next**.

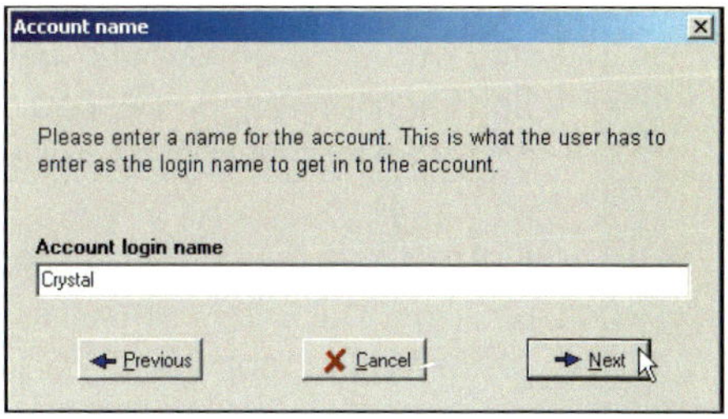

11 Entrez ensuite un mot de passe qui lui sera associé. Cliquez sur **Next**.

12 Indiquez maintenant le répertoire dans lequel l'utilisateur qui va utiliser le compte pourra accéder. Réduisez l'accès de l'utilisateur à ce seul répertoire en répondant *Yes* à la question posée. Il ne pourra pas aller ailleurs que dans le répertoire que vous lui avez attribué.

13 La fenêtre suivante vous propose de donner des privilèges à votre utilisateur. Dans cet exemple, il n'en a pas et reste un simple utilisateur. Choisissez *No Privilege* et cliquez sur **Next**. Cliquez ensuite sur le bouton **Finish**. ■

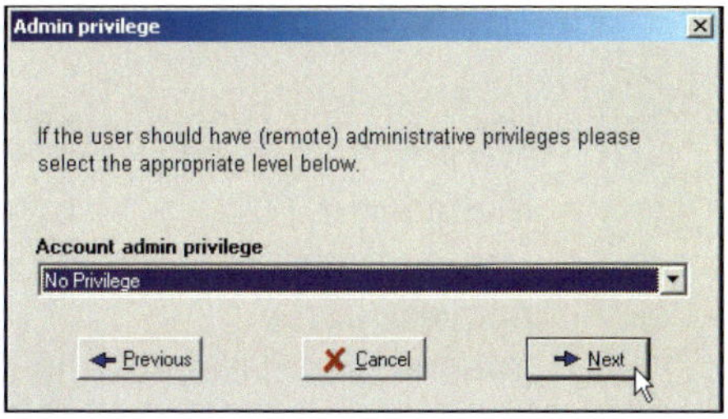

Le programme démarre votre serveur FTP automatiquement.

Héberger des serveurs de jeux

Les joueurs peuvent, grâce à leur accès à haut débit, héberger des serveurs de jeux afin de disputer des parties multijoueurs avec leurs amis.

Il existe des serveurs dédiés et des serveurs non dédiés. La différence est que, sur un serveur dédié, vous ne pouvez pas rejoindre la partie. Votre serveur, comme son nom l'indique, est seulement réservé à accueillir d'autres joueurs. Au contraire, les serveurs non dédiés vous permettent de participer. Vous allez apprendre à configurer le célèbre jeu Unreal Tournament afin de créer et héberger un serveur de jeux.

1 Démarrez Unreal Tournament, puis cliquez sur le menu **Options**. Sélectionnez l'onglet **Réseau**. Configurez le type de connexion. Sur la liste déroulante, sélectionnez *Réseau local ou Câble*.

Il n'y a pas d'option particulière pour l'ADSL. Cependant l'option *Câble* convient tout à fait et ne change en rien la qualité du jeu. Cette option est présente pour optimiser l'utilisation du jeu.

2 Cliquez sur **Fermer**.

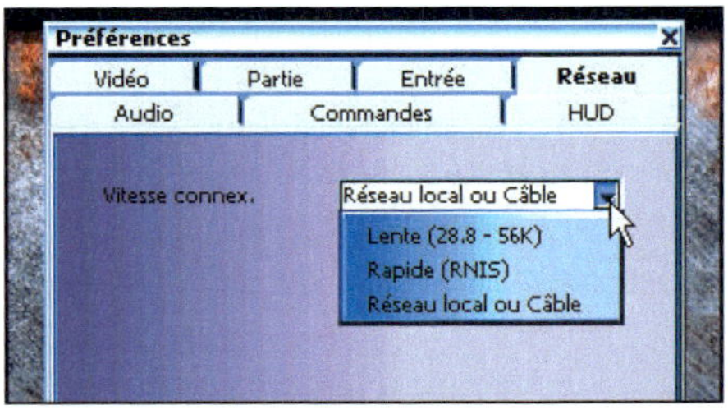

3 Activez le menu **Multijoueur**, puis **Démarrer une nouvelle partie Internet**. Choisissez votre type de partie, une arène où jouer.

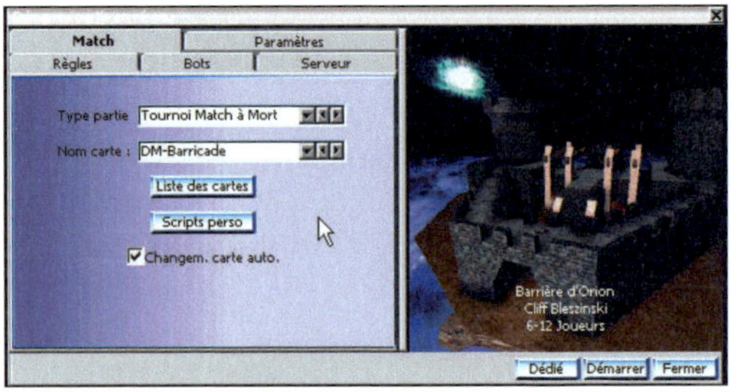

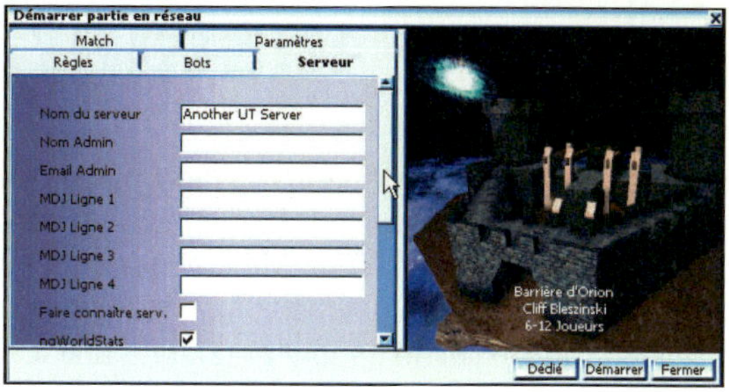

4 Cliquez sur l'onglet **Serveur**. Nommez votre serveur dans le champ correspondant. C'est le nom que les autres joueurs verront lorsqu'ils viendront rejoindre la partie que vous hébergez.

5 L'option *Faire connaître le serveur* vous permet de répertorier votre partie parmi la liste proposée par l'éditeur du jeu. Ainsi les joueurs du monde entier pourront voir votre serveur sur la liste. Si vous préférez jouer en privé avec vos amis, décochez cette case.

6 Deux solutions s'offrent à vous. Si vous voulez créer un serveur dédié, cliquez sur le bouton **Dédié**. Unreal Tournament vous ramène sur le Bureau de Windows, et dans la barre des tâches une petite icône vous confirme que votre serveur est fonctionnel. Ici vous ne pouvez pas rejoindre la partie. Cette option est pratique pour les PC utilisés comme serveurs de jeux. Dans le cas contraire, cliquez sur le bouton **Démarrer**. Ici le jeu commencera directement et vous pourrez participer au jeu. ■

Il ne vous reste plus qu'à communiquer à vos amis votre adresse IP pour leur permettre de se connecter sur votre serveur. Si vous avez coché l'option *Faire connaître le serveur*, vos amis pourront rejoindre la partie directement en passant par la liste des serveurs disponibles proposée par l'éditeur.

La messagerie instantanée : Trillian

Trillian est un petit logiciel regroupant tous les programmes de messagerie instantanée les plus connus tels que AOL Instant Messenger, MSN Messenger, ICQ, IRC, et Yahoo Messenger. Tous les réseaux de discussion sont désormais combinés en un seul programme simple et facile à utiliser.

Vous pourrez obtenir la dernière version de Trillian à l'adresse : www.telecharger.01net.com dans la rubrique *Internet* puis *Communication*. Une version professionnelle existe également mais elle est payante.

Trillian fonctionne sur le principe d'une grande base de données centralisée : l'utilisateur une fois connecté peut voir instantanément la liste de tous ses contacts sur les différents logiciels de messageries instantanées.

Avant de pouvoir utiliser Trillian, vous devez donc vous enregistrer au préalable sur les différents programmes de messagerie.

Lors du premier lancement de Trillian, celui-ci vous demande vos identifiants de connexions pour chaque logiciel de discussion puis retrouve automatiquement vos listes de contacts.

L'interface utilisateur

Trillian se présente sous la forme d'une fenêtre verticale située à droite de l'écran.

Chaque contact est trié et placé dans la rubrique lui correspondant. Ainsi tous vos contacts AOL Instant Messenger se retrouveront ensemble dans la rubrique AIM. Des ronds de couleurs vous permettent également de distinguer facilement vos contacts :

- Rond Orange : AOL Instant Messenger.
- Rond Vert : ICQ.
- Rond Blanc : IRC.
- Rond Bleu : MSN Messenger.
- Rond Rouge YAHOO Messenger.

La rubrique *Merged Contacts* regroupe tous vos contacts non connectés.

Conversation entre amis

Pour envoyer un message à un contact Trillian, double-cliquez sur son pseudonyme. Une fenêtre s'ouvre alors, vous permettant de saisir votre message. Cliquez ensuite sur le bouton **Send** en bas de la fenêtre de discussion pour envoyer le message.

Dans tous les cas, y compris si vous n'avez pas envoyé de message au préalable, vous êtes prévenu à chaque fois que vous recevez un message par un signal visuel doublé d'un signal sonore. Double-cliquez alors sur le message pour le lire.

Enregistrer un nouveau contact

Que ce soit un contact AOL Instant Messenger ou bien un contact ICQ, il est tout aussi facile d'enregistrer un nouveau contact sur Trillian que sur n'importe quel autre logiciel de messagerie instantanée. Prenons l'exemple d'un contact MSN Messenger.

1 Cliquez sur le bouton en forme de plus.

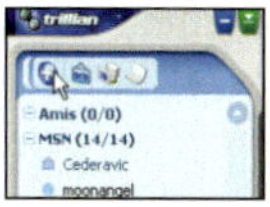

2 Optez pour la rubrique *MSN* de la colonne de gauche et dans la rubrique *Medium* choisissez *MSN*. Cliquez sur le bouton **Next**.

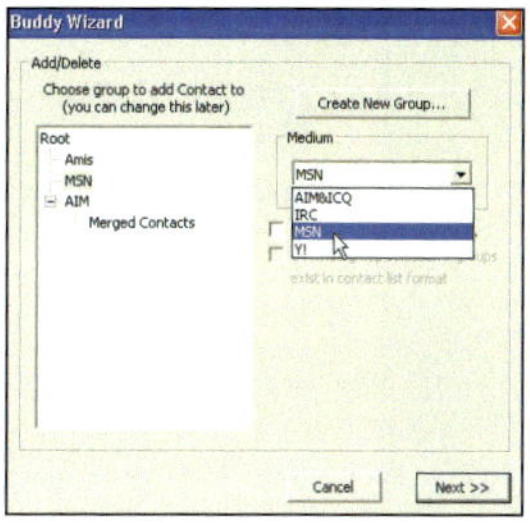

3 Entrez l'e-mail de votre correspondant MSN dans la zone de texte *Name*. Cliquez successivement sur les boutons **Add Buddy** puis **Done**. ■

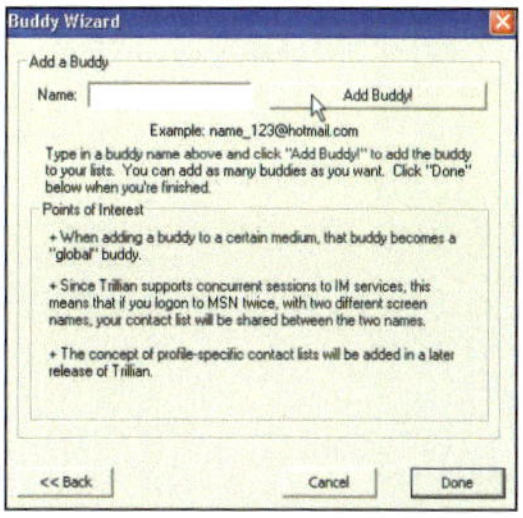

Votre contact fait désormais partie de la liste de contacts MSN.

La connexion en Peer-to-Peer

avec Emule

Le Peer-to-Peer (également appelé P2P) est un type d'architecture réseau qui permet d'échanger des données directement avec d'autres personnes sur Internet. Plusieurs logiciels ont fait leurs preuves dans ce domaine. Vous allez découvrir Emule.

Emule recherche toutes les personnes qui possèdent le fichier souhaité. Le programme scinde ensuite le fichier en plusieurs parties afin de télécharger chez tous les utilisateurs qui le possèdent une partie différente du fichier.

Vous allez apprendre à utiliser ce programme. Vous pouvez télécharger la dernière version de ce logiciel à l'adresse www.emule-france.com dans la rubrique *Téléchargement*.

L'installation ne pose aucun problème particulier.

Prenons maintenant un exemple. Vous voulez par exemple télécharger de la documentation.

1 Commencez par lancer Emule. Il cherche à se connecter sur le serveur central.

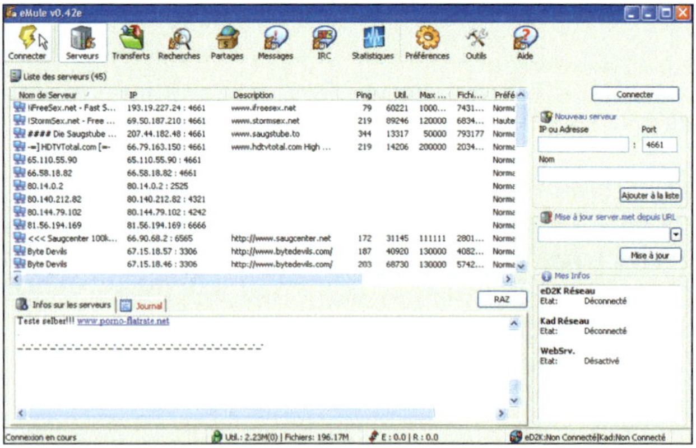

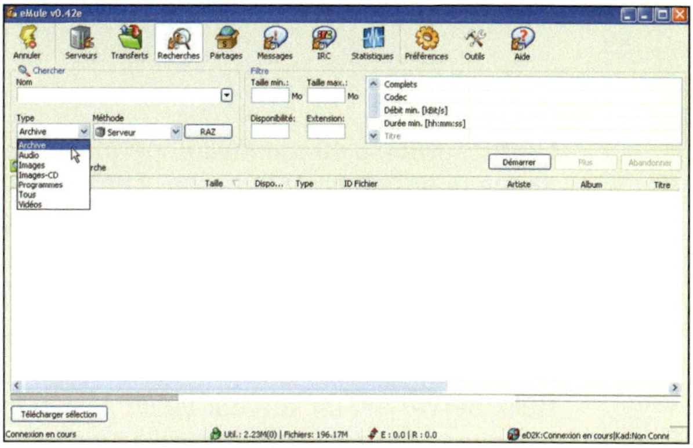

2 Une fois connecté, le bouton **Recherches** est disponible. Cliquez dessus. La fenêtre est divisée en deux parties distinctes : l'une pour lancer la recherche et l'autre pour afficher les résultats. En haut de la fenêtre se trouvent tous les outils nécessaires pour effectuer votre recherche. Cliquez sur *Archives* et entrez le nom du document recherché dans le champ correspondant. Cliquez ensuite sur le bouton **Démarrer**.

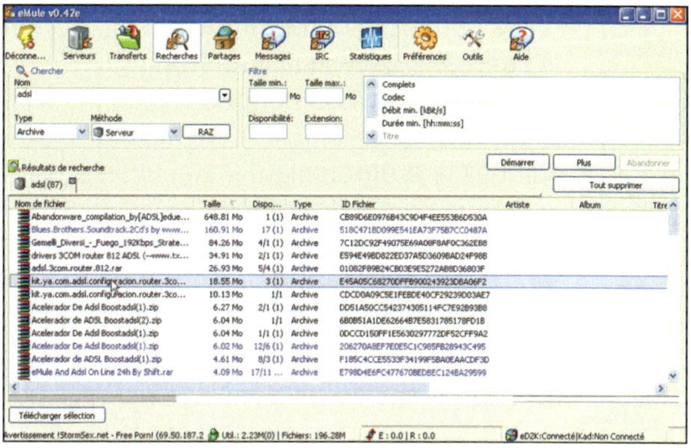

3 Après un court instant, Emule affiche dans la seconde partie de la fenêtre les résultats pouvant éventuellement correspondre à ce que vous recherchez. Le nombre d'utilisateurs possédant le document est également indiqué. Pour télécharger le fichier, double-cliquez dessus.

4 Passez maintenant sous l'onglet **Transferts**. Emule énumère ici les fichiers que vous téléchargez. Si vous double-cliquez sur le nom du fichier, vous pourrez voir en détails le nombre d'utilisateurs possédant le document. ■

N'oubliez pas que Emule est avant tout un logiciel d'échange. De ce fait, Emule partage toutes vos données téléchargées avec les utilisateurs du monde entier.

Vos données sont à présent disponibles. Vous pouvez voir si un utilisateur télécharge l'un de vos fichiers sous l'onglet **Transferts**. En bas de la fenêtre, tous les utilisateurs qui téléchargent depuis votre ordinateur sont énumérés.

Héberger un serveur vidéo

L'ADSL, grâce à sa connexion permanente et son haut débit, vous donne la possibilité d'héberger chez vous des sites web, en particulier des sites web nécessitant des débits corrects. Il est tentant de partager autre chose que de simples fichiers ou images : la vidéo constitue le média par excellence, et l'ADSL offre la possibilité de transférer des vidéos avec une qualité très correcte.

Helix Server est un serveur vidéo mis au point par la société Real, en charge du format RealVideo déjà très utilisé sur Internet. Ce serveur permet de mettre à disposition d'un réseau local tout format vidéo, que ce soit RealVideo, QuickTime ou Windows Media Player.

Vous pouvez télécharger la version gratuite d'Helix sur le site de Real à l'adresse www.real.com (rubrique *Services and Support*). Elle permet un débit de données limité mais suffisant.

Lancez le programme d'installation et suivez la série des boîtes de dialogue de configuration.

- *Username/Password* : l'administration du serveur est protégée par un mot de passe.

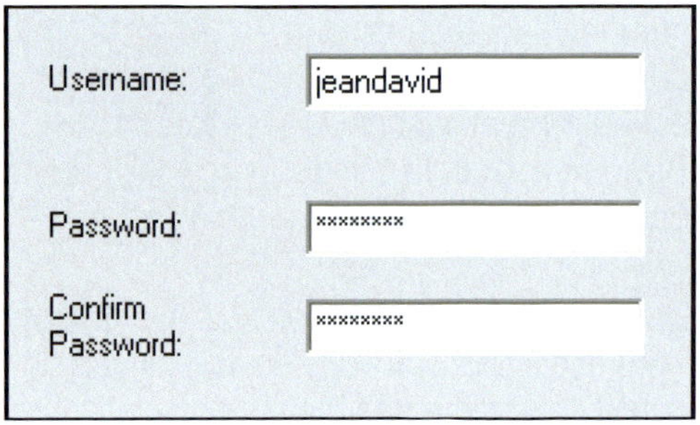

- *Port HTTP* : le protocole http est utilisé par les navigateurs pour atteindre les serveurs web. Classiquement, ce port est fixé à 80.

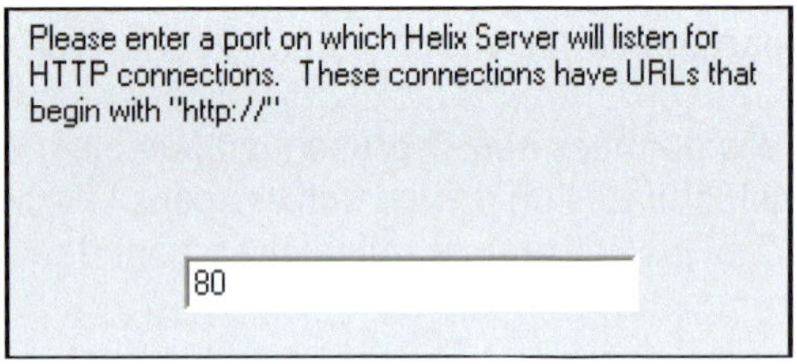

- *Install Helix Server as a NT Service* : permet d'intégrer Helix en tant que service (notion existant sous Windows XP comme sur NT). Ainsi, vous n'avez pas à vous préoccuper de lancer manuellement Helix.

Si vous n'utilisez ce serveur que ponctuellement, n'activez pas cette option.

Première étape : copier des vidéos sur le serveur afin de les rendre accessibles aux autres utilisateurs. Pour cela, copiez-les dans le répertoire *C:\Program Files\Real\Helix Server\Content*.

Par la suite, vous pouvez accéder aux vidéos en installant les plug-in nécessaires sur votre navigateur. Par exemple, si vous voulez visualiser des vidéos au format RealVideo (extension *.rm*), procédez ainsi :

1 Copiez la vidéo dans le répertoire *Content* d'Helix.

2 Installez sur le poste client un client Real (téléchargeable gratuitement sur www.real.com).

3 Ouvrez Internet Explorer.

4 Tapez l'URL `http://adresseduserveur/ramgen/mavideo.rm`.

Remplacez la partie `adresseduserveur` par l'adresse IP du serveur et `mavideo.rm` par le nom de la vidéo à visualiser ; par exemple `http://192.168.0.24/ramgen/presentation.rm`.

Résoudre les problèmes de connexion

Il peut arriver que votre connexion ADSL refuse de fonctionner. Il n'est pas forcément évident de trouver d'où provient la panne. Votre fournisseur d'accès peut avoir des difficultés techniques, mais les problèmes peuvent aussi survenir de votre PC.

Repérer la source de l'erreur

Lorsque Windows refuse de se connecter à Internet, il laisse un numéro d'erreur. Ce numéro est important et peut vous aider à identifier la panne. Par exemple, une erreur 691 signifie que votre mot de passe est incorrect.

Examinez attentivement le processus de connexion et repérez l'étape où Windows se met en échec : tout au long de cette procédure, l'état d'avancement des opérations est indiqué dans la fenêtre de connexion. L'ordinateur commence par appeler le serveur, puis essaie de s'identifier avec votre nom d'utilisateur et votre mot de passe.

Si la connexion est refusée lors de l'étape de vérification de vos identifiants, retapez votre mot de passe et votre nom d'utilisateur. Ce peut être le serveur d'identification de votre fournisseur d'accès qui ne fonctionne plus. Dans ce cas, renseignez-vous auprès de l'assistance technique.

Réparer la connexion

Quel type de connexion utilisez-vous ? Pour les connexions via Ethernet, il se peut que votre composant réseau soit défectueux. Windows XP permet d'effectuer une réparation automatique. Procédez comme suit :

1. Activez le menu **Démarrer/Panneau de configuration**.

2 Double-cliquez sur l'icône *Connexions réseau*.

3 Sélectionnez la ligne désignant votre réseau local. Cliquez avec le bouton droit de la souris, puis choisissez la commande **Réparer**. Windows effectue une réparation en réinstallant les composants nécessaires.

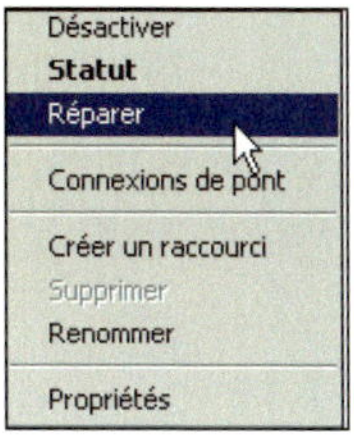

Vous pouvez tenter de réinstaller votre connexion Internet.

Pour savoir comment paramétrer une connexion Internet, reportez-vous au chapitre correspondant.

Si vous bénéficiez de l'ADSL avec un modem USB, le problème du réseau ne se pose pas. Cependant, il est recommandé de réinstaller les pilotes de votre modem USB. Vous pouvez également vérifier si Windows utilise bien votre modem pour établir la connexion. Procédez comme suit :

1 Cliquez sur **Démarrer/Panneau de configuration**.

2 Double-cliquez sur *Connexions réseau*.

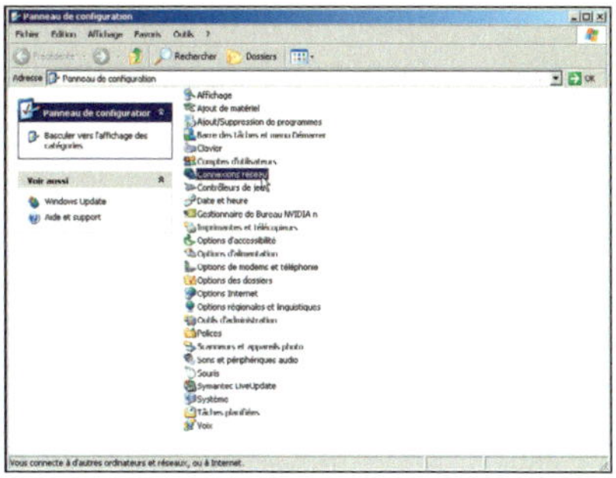

3 Cliquez sur la ligne désignant votre connexion Internet avec le bouton droit de la souris, puis choisissez **Propriétés**.

4 Sous l'onglet **Gestion de réseau**, vérifiez que votre modem ADSL USB est bien sélectionné sur la liste déroulante.

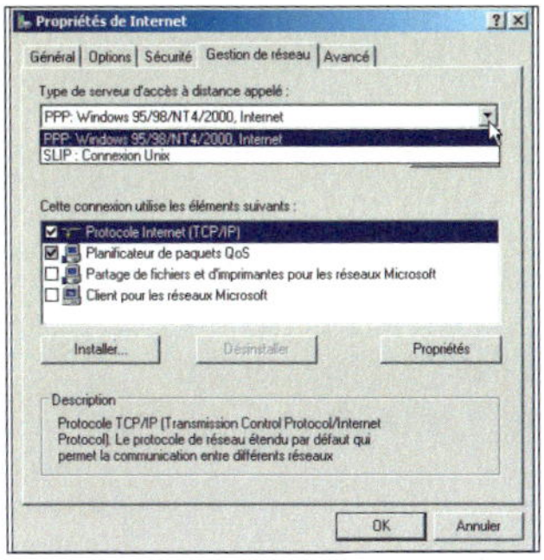

Tester
une liaison réseau

Le principal protocole utilisé pour un accès à Internet est TCP/IP. Ce dernier est la plupart du temps fourni avec un programme spécifique pour tester un réseau : Ping. Ce programme, issu du monde Unix, permet de tester une liaison réseau entre deux ordinateurs en utilisant le protocole TCP/IP. Ping permet à la fois de tester le bon fonctionnement d'un réseau, mais aussi sa rapidité :

1. Un paquet de données est envoyé depuis l'ordinateur local vers l'ordinateur destinataire.
2. L'ordinateur destinataire reçoit le paquet et le renvoie à l'ordinateur d'origine.
3. Une fois le paquet retourné, l'ordinateur local calcule le temps écoulé lors du parcours réseau du paquet de données. ■

Si le paquet n'arrive pas, vous pouvez donc en déduire qu'il existe un problème réseau.

Cette méthode est très intéressante, car elle permet de simuler une relation réseau complète, sans utiliser aucune application complexe pouvant multiplier les problèmes, et donc rendre plus difficile le diagnostic de la panne réseau.

En revanche, cette technique nécessite de pointer vers une machine distante, par exemple un site web que vous avez l'habitude de fréquenter. Ce test comprend donc non seulement votre connexion, mais aussi le chemin Internet permettant d'aller jusqu'au serveur testé. Les chiffres obtenus sont donc indicatifs, et il vaut mieux choisir un serveur assez proche présentant des temps de réaction plutôt courts.

Par exemple, si vous désirez tester la connexion avec le site www.yahoo.fr, procédez comme suit :

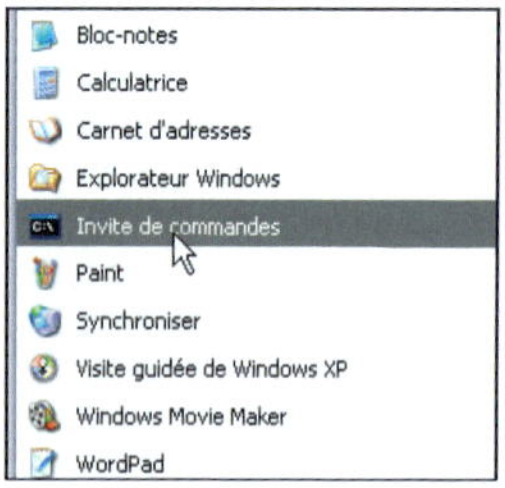

1. Dans le menu **Démarrer**, sélectionnez **Tous les programmes/Accessoires/Invite de commandes**.

2 L'Invite de commandes permet de lancer des commandes texte. Tapez la commande suivante :

```
PING www.yahoo.fr<IMG src="C25-02.tif" largeur="669" hauteur="338" suite="1">
```

3 Appuyez sur la touche [Entrée] pour valider et lancer le test. ■

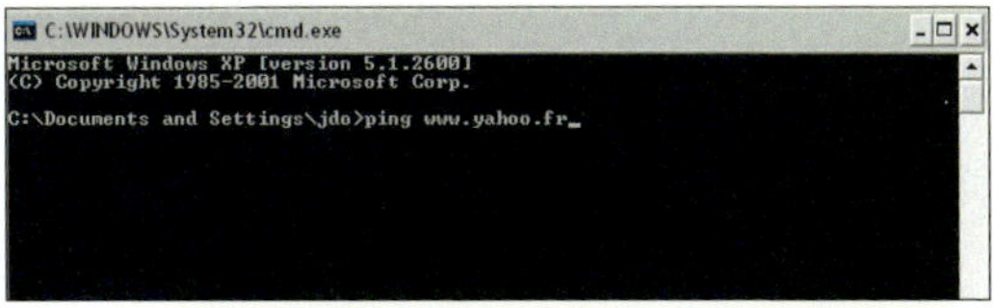

Le Ping fourni avec Windows lance quatre paquets de données différents, afin de s'assurer du bon, ou du mauvais, fonctionnement de votre réseau.

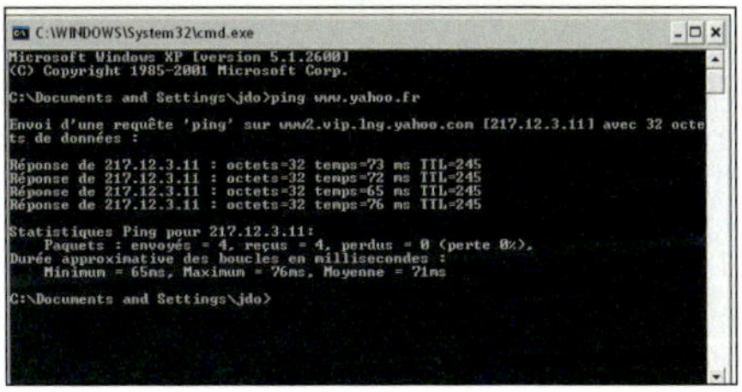

En cas de problème, vous obtenez le message suivant :

```
Envoi d'une requête 'ping' sur 217.12.3.11 avec 32 octets de données :

Impossible de joindre l'hôte de destination.
Impossible de joindre l'hôte de destination.
Impossible de joindre l'hôte de destination.
Impossible de joindre l'hôte de destination.

Statistiques Ping pour 217.12.3.11:
    Paquets : envoyés = 4, reçus = 0, perdus = 4 (perte 100%),
Durée approximative des boucles en milli-secondes :
    minimum = 0ms, maximum =  0ms, moyenne =  0ms
```

Dans les autres cas, le test vous renvoie une colonne *Temps* en millisecondes. Considérez qu'un accès normal à Internet implique des temps maximaux inférieurs à 100 ms.

- Moins de 100 ms : tout va bien.
- Entre 100 et 200 ms : réessayez sur une plage de temps où le réseau est moins chargé.
- Plus de 200 ms : il y a peut-être un problème.
- Temps très variables entre les quatre réponses : votre réseau est instable, il est préférable de reprendre le test à un autre moment.

Index

Mise en page : Euronumérique, Ligugé

Imprimerie CHIRAT, 42540 Saint-Just-la-Pendue
Dépôt légal juin 2004 N° 2576

IMPRIMÉ EN FRANCE